JN059699

母と子の 新型コロナ

社会医学と現場の専門家がアドバイス

編著
渡邊香・林謙治

世界書院

まえがき

　2020年初頭、私たちは初めて新型コロナウイルスの名前をきくこととなりました。外国からの帰国者や豪華客船の乗船者が感染しているニュースに、なんとなく怖いイメージをもちながらも、当初は身近なこととして捉えていない人が多かったのではないでしょうか。ところが、数週間の間に日本各地で感染者が見つかり、PCR検査が追いつかない状態となったり、有名人の感染が報道されるようになり、人々に恐怖と不安が広がりました。人は誰しも正体のよくわからないものには不安を抱くもので、未知の病原体の出現に世界中がパニックになりました。

　新型コロナウイルスに感染した場合の重篤化に関し、早い段階で高齢者や基礎疾患をもつ人への注意喚起がされましたが、乳幼児を含む子どもや妊婦に関しては、詳しいことが何一つ分からないまま、その行動に制限が加えられる状況が長く続き、現在でもわからないことがたくさんあります。子どもをもつ人や妊婦さんは、「いったい何にどこまで気をつけたらいいのか」、「もし感染したらどんな影響があるのか」と、正確な情報を求めつつもなかなか入手できずにさまよいました。

　現在、新型コロナウイルスのワクチンや治療薬の開発や治験[※1]が進んでいますが、世界中のすべての人々にそれらが届き、安心して暮らせるようになるまでには少し時間がかかりそうです。いま、わたしたちがすべきことは、自分たちが住む日本をはじめ、世界中で起きていることを正しく知り、次々と発信される情報を取捨選択して活用し自分と大切な人を守っていくことではないでしょうか。

　本書には、編者の呼びかけに応じて社会医学をはじめとした各分野の専門家が集まり、新型コロナウイルス感染症流行下で何が起きているのか、

どんなふうに世の中が変わったのかを知るための手がかりとなる情報を詰め込みました。本書を開いてくださる人とその大切な人が健康で過ごされること、感染された人が速やかに回復されることを願い、感染症とたたかうすべての人のために本書はあります。すべての情報は執筆時点（2020年9月）のものですので、その後に新しくわかったことや、変わったことがあるかもしれませんので、お含みおきください。

　著者一同、一日も早く感染が終息し、新型コロナウイルスの恐怖が過去のものとなることを願ってやみません。

※1　化学合成や、植物、土壌中の菌、海洋生物などの物質の中から、試験管の中での実験や動物実験で、病気に効果があり人に使用しても安全と予測されるものが「くすりの候補」として選ばれます。この最終段階では、人での効果と安全性を調べることが必要です。得られた成績を国が審査し、病気の治療に必要で安全に使っていけると承認されたものが「くすり」となります。 人における試験を「臨床試験」といい、「くすりの候補」を用いて国の承認を得るための成績を集める臨床試験は、特に「治験」と呼ばれます。

目　次

7

新型コロナと地域の子育て支援

● 小俣みどり（NPO 法人子育てネットワーク・ピッコロ理事長）

　「子育てネットワーク・ピッコロ」の設立は、東京都清瀬市で開催された、当時、厚生労働省の外郭団体（財）女性労働協会が地域の中に子育て支援団体をつくることを意図して実施した「保育サービス講習会」がきっかけです。その講習会修了生が中心となり話し合いを重ね、「地域における保育の相互援助活動を行い、安心して楽しく子育てが行える地域づくりと、保育の質の向上を図る」を会の目的に掲げ、地域に根ざした住民参加型で家庭訪問型の子どもの一時預かりの会として、1998年1月発足しました。それ以来、需要は年々増え続け、預かる理由は問わず、病児保育など、あらゆるニーズに沿った保育サービスや支援事業を提供してきました。

　2020年1月から新型コロナウイルス感染症が起こり、その影響で、子育て家庭の仕事と育児の両立がさらに難しくなり、家庭以外の親子の行き場が縮小し孤立する中で、緊急事態宣言のコロナ禍以降、DV※1や虐待が増えていることが社会問題として浮き彫りになっています。

　地域の子育て支援の現場でも同様に、女性に偏りがちだった家事・育児の負担が、コロナ禍でさらに際だったことから「明日、子どもを預かって欲しい」、「母親が精神的な不安から、育児・家事ができなくなってしまった」、「産前産後実家に帰れない」、「出産時に実家から手助けに来てもらえなくなった」等の SOS の問い合わせが、2月〜7月の間に延べ50件以上（近隣市在住や他県の方も含む）もありました。

　感染しないために、感染させないために、人との接触、三密を避ける、手洗い、消毒の徹底が必要ですが、子どもの世話をするには三密は避けられない状態になります。どうやって支援を求めてくる人たちに応えていくのか？当団体ができることは何か？を検討し、まず、安全で安心な支援を

図表1　安全チェックリスト

NPO 法人子育てネットワーク・ピッコロ　2020 年 4 月

【依頼・提供にあたっての条件】
□新型コロナウィルスと診断されていない。また、新型コロナウィルス感染症と診断された方と接触していない。
□37.5 度以上の発熱、咳などの呼吸器症状・倦怠感等がない。また同居のご家族にも同じような体調不良がないこと。
□海外より帰国後、2 週間以内ではない。
□上記の条件以外で、間接的にでも新型コロナウィルス感染者と接触している可能性がある場合、必ず情報提供をする。

【活動前に確認すること】
□提供会員は、自宅出発前に体温を計測する。
□提供会員は、子どもを預かる活動開始時に、子どもの体調、体温の確認をする。
□提供会員は、依頼会員宅等での活動を始める前には、手洗い、手指の消毒を実施する。また、直接保育施設等にお迎えに行く場合は、子どもの自宅等保育場所で子どもの体温を計測する。
□依頼会員は、自宅での預かりをお願いする場合は、手洗い、手指の消毒できるものを用意しておく。また、発熱等が認められる場合には利用を断る。
□依頼会員が、提供会員に直接子どもを引き継ぐ場合は、預ける前に子どもの体温を計測する。体調の変化や、食欲、機嫌等通常と違う様子がある場合は利用ができないこともある。また、発熱等が認められる場合には利用を断る。

【日常からの感染予防策】
□外出先からの帰宅後や食事前などに石けんやアルコール消毒液などで、手洗いうがいを徹底する。
□飛沫防止としてマスクの着用を徹底する。
□移動時は周囲との社会的距離を確保する。
□「三つの密」を避ける。
　①密閉空間（換気 の悪い密閉空間である）
　②密集場所（多くの人が密集している）
　③密接場面（互いに手を伸ばしたら届く距離での会話や発声が行われる）

【依頼・活動上リスク】
□感染経路不明の罹患者が増加していることを理解する。
□潜伏期間があるため、症状が現れていなくても感染している可能性があることを理解する。
□移動の際は公共の交通機関を利用していることを理解する。
□新型コロナウィルスの感染は、団体加入している補償保険の対象にならないことを理解する。
　（傷害補償のため、疾病は対象でない）

継続していくために、図表１の安全チェックリストを作成しました。利用者へも支援者へも周知するため、ホームページ上でアップして誰もが見られるようにしました。また、利用会員、支援者全ての方の手元に届くように郵送もしました。また家族にも同様に新型コロナ感染が疑われる場合は支援活動は実施しないこととしました。さらに、緊急事態宣言下の間は、電車移動が伴う送迎は実施しないこと。病児の預かりについては、今までは緊急時の預かりとして、発熱したお子さんを保育施設等にお迎えに行き、かかりつけ医につれて行く活動も実施していましたが、病児の場合は、保護者がお子さんの受診をさせ診断を受けた後の預かりを実施すること。病児の預かりについては、コロナ禍が消息するまでつづけていく予定です。

※１　英語の「domestic violence」「ドメスティック・バイオレンス」を略して「DV」とよばれている。配偶者または事実婚のパートナーなど親密な関係間における暴力のこと。身体的暴力ばかりではなく、暴言や生活費を渡さないなどの精神的暴力、性行為の強要などの性的暴力も含まれる。

1 私たちがサポートした具体例

　清瀬市に隣接した市の２歳児と４歳児の活発な男児の兄弟がいる家庭では、幼稚園から登園自粛の協力を求められる以前の２月に、子どもを集団の中に行かせるのが心配になり、父親も在宅ワークの時もあるため園を休ませ兄弟二人と母親が家庭内で過ごしていました。

　そんな中、２歳児の子のまぶたが突然ものすごく腫れてしまい、最初は原因が分からず戸惑い、母親は不安が日に日に募り、自信がもてなくなり、精神的に病んでしまったとのことでした。子どもを怒鳴ることもあり、辛そうで家事もできなくなってしまったと言う父親からのSOSでした。祖父母だけでお子さんの世話をするのが大変なので、支援者に来てもらい祖父母のどちらかといっしょに子どもと遊んで欲しいとの依頼でした。次の日すぐに訪問し、お話を伺うと、その母親は下の子の出産後直ぐに、うつ病を発症したことがあり、その時もピッコロの支援を利用したことがあるそうです。下の子が１歳になり落ち着いて順調に子育てしていたところ、

コロナ禍での不安がうつ状態をまねいた要因になってしまったようでした。支援は二人体制で担当する者を決め、毎日交代で2か月以上、（緊急事態宣言が終わるまで）訪問支援しました。幼稚園の自粛が解除されてからも、時々園から帰宅してからの支援の依頼があり、同じ支援者が対応していました。

　ある4歳児女児を子育て中の家庭では、母親が統合失調症の疾患があるため、お子さんは、短時間保育で保育所に通園していました。日常的に暮らすことはできていましたが、コロナ禍で保育園の登園自粛にともない、園を休むことにも自ら協力し始めると、コロナ禍のニュース等でも不安が募っていきました。自宅に手伝いに来てくれた祖父の体調が少し悪いと聞いたことがきっかけで、自分がコロナにかかっているのではないかと思いこみ、救急車を呼び、救急搬送されました。結果は陰性でしたが、不安が日に日に増し、疾病の状態もよくなく、ご自身も自覚があり、保育園の先生に相談したりもしていました。母親自身が病院に助けを求めに行き、そのまま入院となってしまいました。母親が入院した後は、保育園でケース会議を開催し、NPO法人2団体、子ども家庭支援センターで話し合い、父親が子育てに関わりながら仕事、生活をしていける様に保育園の送迎等の支援を毎日実施しました。母親が入院していても、コロナ禍で面会禁止のため、誰とも会うことができていません。

　2つの事例から、常日頃の通常の状況でも子育ての負担が母親にある社会で、さらにコロナ禍の問題が起き、緊迫したなかで育児を行うことになった場合、母親に疾病や不安要素があると、育児負担がより母親におおいかぶさってくることになり、その負担は健康をも悪化させてしまうことが分かります。

　母親だけに育児負担がおおいかぶさっていかないようにすることが求められます。その母親の思いに寄り添い、パートナーや身近な他の人が注意を向けて早めに対応していくことで悪化を防ぐのだと思いました。弱い面を持っている方に対しては、先の見えないコロナ禍のような通常では考えられない大きな変化が生じたときには、周りが見守り、その人の心の叫

びに耳を傾けることができる地域、社会の体制、政策が必要なのです。大変さを分かち合える習慣、家族で抱え込まないで助けを求めることも重要になると思います。

2 出産前の不安

　出産を控えた家庭でも、不都合なことが生じています。2020年5月に初めてのお産を経験した30代のママは、出産当日に陣痛促進剤を使用したが効かず、急きょ帝王切開になるかも知れないという状況で、夫にも会えず、電話でのやりとりだけになりました。当初は夫立ち会い出産の予定だったのに、実母、義母の面会も叶わずとても不安でした。さらに、急きょ帝王切開になってしまいました。幸い赤ちゃんは無事に生まれて、豪華なセレブレーションランチも出ましたが、それを一人で食べる寂しさといったらなかった、他の産婦さんたちとの会話なども全然できなかった、と話されました。また、2020年10月、生後7か月になる赤ちゃんを持つ30代ママたち数人にも聞くと、口々に産院では他のママたちと会うこともなく、話すことも全くなかった、といわれました。

　産院で知り合った人とその後も友人として付き合っていくことになることが多い中で、ママ友をつくる最初のきっかけがなくなってしまった状況でした。最初のママ友をつくる機会がコロナ禍の影響で奪われたことになります。そこで、その後どうやってママ友をつくったのか聞くと、自粛で参加できる人数は減っていても、9月以降は閉鎖されていないので、つどいの広場※2に行って知り合えたと話してくれました。

　長女が2歳児で育休中の家庭で、2020年8月初めの出産予定の母親は、「出産予定日の1か月前から、他県に住んでいる母（実家）に来てもらう予定だったが、危険なので、東京には行かれないといわれてしまった」「夫がまだ帰宅せず、急に陣痛が起きた時に、コロナ禍で、上の子を産院には連れていけないので、自宅に来て預かって欲しい」という依頼に対応しました。また、1歳9か月の男児を持つ2020年10月中旬出産予定の母親

は、「保育園から帰宅した後、陣痛が起きた時、上の子を産院にはつれて行けないので預かって欲しい。その時が来たら確実に100％対応して欲しい」と要望されました。「実家は都内にあるが、実母の仕事は看護師で、コロナ禍の最前線で仕事をしているので、出産時は直ぐにはこれないし、状況によっては手伝えないといわれている」と話されました。お二人とも、市外在住の方でした。緊急時に備えて事前打合せに利用者宅にお伺いする必要がありました。利用者宅に向かうには、公共機関を使用すると片道45分はかかる地域でした。緊急依頼に備えて、自宅に支援者と共に訪問してコーディネートをしました。預ける側の保護者と、預けられる側の子どもと、調整役のコーディネーターと、三者が同席して顔を合わせての事前打合せを実施しました。前もって伺ったことで、担当する支援者は、30分以内で「駆け付けられます」と伝えました。担当する曜日を決め、二人体制で交代で対応し、100％対応できるように毎日18時〜19時を待機時間として依頼してもらいました。緊急に陣痛が来た時に、100％対応してもらえる体制ができ、１歳児の上の子の心配をしなくて良いと思えた時の、安心した母親の笑顔が印象に残っています。出産を迎えるという大切な時期に、自分以外の人は病院に入ることさえできないというコロナ禍の状況で、多くの妊婦の人達が不安を募らせています。赤ちゃん誕生の喜びを分かち合うことができなかった寂しさをまず感じた…そんな子育てのスタートになってしまっている現状もあるのです。

　安心して出産を迎えられる地域での支援が今後もさらに必要です。

※2　主に乳幼児（０〜３歳）をもつ親とその子どもが気軽に集い、交流や育児相談などを行う場。子育てへの負担感の緩和を図り、安心して子育てができる環境を整備し、地域の子育て支援機能の充実を図ることを目的とする。

③ 多様な支援で不安を解消

　自閉症スペクトラム※3の小学３年生男児を持つ母親は、緊急事態宣言により休校になったため、毎日の朝食、昼食、夕食作りに追われ、朝食後

は、子どもと連れ立って散歩に毎日出かけていました。一緒にワークブックをしたり、パズルに付き合ったり等、その一緒に過ごす毎日毎日の繰り返しに疲れを感じ、子どもの言動にイライラすることもあって手が出てしまったこともあると打ち明けられました。疲れてしまって体調も悪化してしまったということでした。そんな時、地域の子育て経験者に、自宅に来てもらい、いっしょに育児を手伝ってくれ、親の話しにも共感してくれるホームビジター※4の支援を利用して乗り切れたと感謝されました。子どもとずっと二人だったところに、ビジターさんが来て、子どもとの話し相手、母親との話し相手になってくれ、子どもともいっしょに遊び相手をしてくれます。親子二人きりで煮詰まってしまう中、地域の子育て支援を利用し、他人が家庭に入ることで和み、家族の気持ちを解放することに繋がっています。

　困った時に、その困っていることに対して、多様な家庭のニーズによりそえる子育て支援があり、利用できることで、もっとイライラが高まり爆発してしまうことを防げるのだと思います。

　2020年4月からの緊急事態宣言下、両親が共働きの家庭の場合、夫も家庭での様子を知ることができて、妻の育児・家事の大変さが分かり、時間ができた分夫が家事・育児の協力、家族と一緒の時間を過ごせるようになり、新しい生活様式として良い面もあると報道されていますが、現実はそんなに簡単に新しい生活様式を受け入れられる家庭ばかりではありません。夫が在宅テレワークになったある家庭では、妻の仕事がテレワークではできない内容だったため、通勤時間をずらしながら仕事を続けていたところ、夫から「お前の会社はいつになったら、自宅待機になるんだ」「世間の常識では、電車通勤ほど危険なことはないのに、いい加減に休んで食事の支度をしろ！」と言われてしまいました。母親は食事の支度をするのが当たり前。共働きなのに、夫が自宅で仕事をしやすくフォローするのが妻の役割だと思っている表れだと思います。そして、妻は会社に対して、「この状況でテレワークにしないことが遅れているし、リスクマネジメント※5できてないってことになりますよね」と詰め寄っていくことになりました。

会社からは、会社全体でテレワークに取り組むことになっていないため、休みたければ有給で休むようにと言われたそうです。

　支援を利用する側の子育て中の家庭、特に乳幼児を持つ家庭では、外出を控えたり、大勢の人がいる場にいかないようにしたりと注意をはらい、心細さを感じながらも「いったん、コロナの感染が落ち着くまで支援をお休みしたい」という方々もいました。

　支援する側も、「今は支援するのをお休みしたい」、逆に「今だからこそ支援してあげたい」という方々もいました。

　その事は、当団体が自治体から委託され実施している事業、「ファミリー・サポートきよせ」[※6]における、去年との活動件数の違いや、支援者へのアンケート結果（図表2）からはっきりと分かります。

図表2　アンケート集計結果

2020.9.30

「ファミリー・サポートきよせ」2020年度4～9月データ

1.利用件数前年比

月	1	2	3	4	5	6	7	8	9	10	11	12
件数2019	299	267	267	252	280	299	293	193	225	266	282	257
件数2020	232	274	131	129	43	190	206	174	258			

2.会員数推移

年	2015	2016	2017	2018	2019	2020
会員数	1920	2019	2126	2234	2262	2160
増減		99	107	108	28	-102
依頼会員	1657	1755	1868	1953	1979	1882
両方会員	54	59	50	53	52	52
提供会員	209	205	208	228	231	226

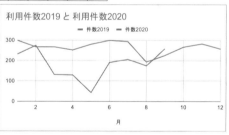

3.コロナ感染予防期間のアンケート報告

8/24～9/30実施　52回収/134配布（2年活動実績あり提供会員・連絡メール登録会員・アドバイザー選挙1含）

①.2020年3月～現在にファミリーサポートの支援をしていますか。　　　　活動している 51.9%

②.活動に際し「新型コロナウイルス感染症予防対策　安全チェックリスト」を活用していますか。

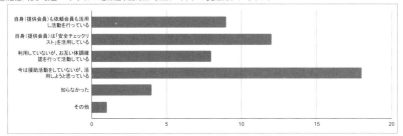

その他）・チェックリスト良いです
　　　　・今回初めて安全チェックリストをみました。(頂いていたのに気が付かなかったのかもしれません)
　　　　「コロナウイルスへの対応について」は確認しています。

③.担当の依頼会員さんの最近の様子について感じるところを教えてください。(複数回答可)

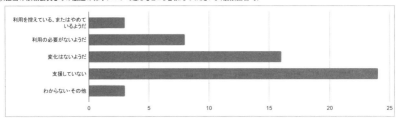

④.ご自身について伺います。感染拡大が心配で今、支援活動をするのには抵抗がありますか?

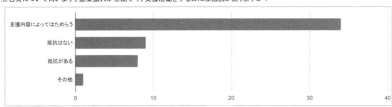

⑤.援助の依頼があったら …(複数回答可)

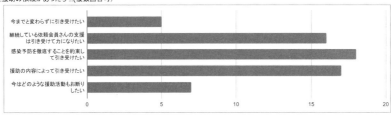

⑥.コロナが理由で支援をお断りしたいと思ったことがある方にお聞きします。心配なことはどんなことですか?(複数回答可)

⑦.感染予防しながらの生活がしばらく続きます。ご自身のお気持ちに近いものはどれですか?(複数回答可)

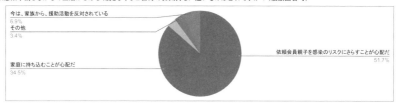

⑧.その他

・バス送迎があるので、マスク・手すりに殺菌シールを使って握らせている。

・自分がかかったらと思うと不安になりますが、必要とされているならば予防対策をしっかりして援助活動を行いたいと思っています。

・このような時期だからこそ、支援を必要とする人に、感染予防しながら支援活動を継続したいと考えているが、無症状でも感染している可能性もあると聞くと、依頼者への迷惑、負担など継続することに迷いもある。一日も早くウイルス感染拡大が終息し、安心して子育てができるよう願っています。事務局のみなさま本当にご苦労様です。

・できればお力になりたいという気持ちと、コロナへの不安が混在している感じなので、しばらくは現状のままいたいなあと思う気持ちです。悩みます。

・完全な収束には時間がかかると思います。できる予防をしてこれまでに近い生活をすることで、無理なく過ごせると考えています。ファミサポの活動もそのなかでのものと考えています。

・現在パートをしつつ、親の通院に付き添っているため、援助活動を控えさせていただいております。コロナ禍で支援を必要とされている方が多いと思いますが、控えさせていただいている。お手伝いできず申し訳ありません。

・今までは病児保育を引き受ける事に抵抗がなかったが、コロナのことがあってからは抵抗をもつようになった。

・子どもへの対応は密接にならざるを得ないので、不安がないと言えば嘘になる。ただ、自分は健康上の問題がないので、預け先がない人の依頼を、感染させることを怖れてお断りするのは違うかな?と思い、続けています。

・現在、家族が体調不良のため、活動を休ませて頂いております。様子を見てまた活動を再開したいと思っておりますので、よろしくお願いします。

　こんな時期だからこそと、自宅に支援者が出向いて来てくれるホームスタートの利用をしたいという家庭も多くみられました。

　このコロナ禍の子育て支援を通して考えさせられたことは、多様な家庭状況、多様な働き方があるように、どうしていくのがいいことなのか迷うことも多々ありました。

　電車通勤の中でクラスターが起きている事実はないのに一番危険なことと判断する人たちもいました。情報にふりまわされることなく事実を知っていくことが必要だと思いました。

　経験したことのないコロナ禍の中で、日々社会状況も変わっていき、どれが正しい情報で、誰を信じたら良いのか、誰に、どこに助けを求めたら良いのか分からないという人たちが少なくありませんでした。

　特に弱い立場の幼い子どもを抱えた家庭の場合、その母親はどんなに孤独を感じ不安がのしかかっていることでしょうか。孤立から虐待は始まると言っても過言ではないと思います。

　コロナ禍以前でも身近な地域で、子育て中の家庭へ手をさし延べ、個々のニーズに対応できる支援が重要であることは、いうまでもありません。しかしながら、自治体によって支援の格差があることは否めません。今こそ、コロナ禍で大変な事態がすでに起こっていることが分かっているのですから、私たちはそこから学び、準備ができるはずです。更に、これから迎える予想もしていない状況に対して、地域の中で、立場は違っていても手をつなぎ、ノウハウを提供し合い、ネットワークを作りいっしょに考えていくべきだと思っています。

※3　対人関係が苦手・強いこだわりなどといった特徴をもつ発達障害の一つ。

※4　1973年にイギリスではじまった家庭訪問型の子育て支援のひとつ。日本ではNPO法人ホームスタート・ジャンが普及を推進している。ホームビジターは、ホームスタートで支援を実施する人の名称で、同じ子育て経験者が親の気持ちに寄り添う先輩ママパパのボランティア。フレンドリーな支え合い活動で、地域の子育て家庭に訪問して一緒に時間を過ごす。

※5　リスクを組織的に管理（マネジメント）し、損失などの回避または低減をはかるプロセスをいう。

※6　地域において一時的にお子さんを預かって欲しい時や、保育園、幼稚園、学校、学童クラブの送迎、及びその後の保育をして欲しい時、また、病児・病後児の預かり、お泊り保育などに利用できる事業。
　　 児童預かりの援助を受けることを希望する者と当該援助を行うことを希望する者とを会員とし、相互援助活動に関する連絡、調整を行うもの。

新型コロナと
「子ども家庭支援センター」の取り組み

● 北平宜之（清瀬市子ども家庭支援センター長）

1 たくさんある「子ども家庭支援センター」の役割

　子ども家庭支援センターは、様々な家庭、子ども、子育ての悩みや相談を受け付けるとともに、児童虐待案件に対して、児童相談所や関係機関と連携をして対応している機関です。子ども家庭支援センターの主な役割は、大きく3つに分かれます

　まず、一つ目は「18才未満の子どもとその家庭に関する、あらゆる相談を受けること」です。この相談は多岐にわたっていて、基本何でもあり。子育て全般、不登校、ひきこもり、家庭内暴力、夫婦間のこと、経済的な相談などなど。もちろん、子ども家庭支援センターですべての相談の充分な答えが出せるわけでもありませんから、そのような場合には適切な関係機関につなぎます。例えば、子どもの発達の件であれば、母子保健担当課や関係施設へ、経済的な問題でひっ迫していれば生活保護担当につないだり、また、精神疾患に関しては病院への受診に同行したりすることもあります。

　役割の二つ目は、「子育てサービスの調整と提供」です。子ども家庭支援センターは、各種子育てサービスを展開しており、ひとり親家庭ホームヘルパー、養育支援ヘルパー、ファミリー・サポート・センター、ショートステイ、つどいの広場事業、ホームビジター、子育てクーポン券・商品券の発行等のサービスを取り揃えています。相談を受け付けた際、内容や状況に応じて、その方にあったサービスにつなげることにより、子育て支援に取り組んでいます。

　そして役割の三つ目は、「児童虐待と養育困難家庭への対応」です。子

ども家庭支援センターの業務としては、これが一番大きなウェイトを占めると思われます。そして、子ども家庭支援センターの役割の中で、要保護児童対策地域協議会の運営があります。略して要対協と言っています。要対協は３層構造になっており、管理職や所属長が集まる「代表者会」が年１回、係長級、現場の代表者が集まる「実務者会」が年４回程度、個々のケースについて話し合う「個別ケース検討会」が随時開催となっています。

　また、児童相談所と連携して児童虐待の対応をする役割を果たしており、児童相談所も、子ども家庭支援センターも、虐待の通報は受けるのですが、「子どもの一時保護や施設入所させる権限」は児童相談所が持ち、子ども家庭支援センターにはありません。この部分が、児童相談所との大きな違いです。児童相談所は東京都の機関で、一つの相談所がいくつかの市区町村を管轄しています。清瀬市の管轄は小平児童相談所で、清瀬、東久留米、東村山、小平、小金井、西東京、東大和、国分寺、武蔵村山の９市となっています。虐待を疑われる通報は、児童相談所、警察、子ども家庭支援センター、主に、この３か所に通報が入ってきますが、まずは一報を受けた所で訪問等の対応を行います。これまでの状況としましては、色々な機関から、色々な通報を受けますが、特に「ご近所からの泣き声通報」というのが最も多いです。子どもの泣き声がするなんて不思議なことではないので、誰しも「これは虐待だ」と自信満々で通報するのではなく、どうしようかどうしようかと悩みながら、その泣き声の大きさが尋常でないとか、頻繁であるとか、長時間とか、泣き声がする時間帯とかで、悩んだ末にやっぱり気になるので連絡をしたというケースが多いのです。また泣き声に交じって大人の怒鳴る声や、なんだか叩いている様な音も聞こえると、心配になってしまって通報したという場合もあります。

２ 「子ども家庭支援センター」への相談

　子ども家庭支援センターの主な３つの役割のうち、一つ目の相談業務の状況に触れたいと思います。こちらは、清瀬市子ども家庭支援センターに

おいて受けつけた相談の件数です。

表1　相談実施状況

区分 年度別	相談件数	内訳														
		相談方法		年　　　　代								男　女　別		市内外別		
		電話	面接	10歳未満	10歳代	20歳代	30歳代	40歳代	50歳代	60歳代~	不明	男	女	市内	市外	不明
2015年度	1941	996	946	48	159	181	612	581	284	61	16	1786	150	1786	150	6
2016年度	2148	938	1210	75	265	235	597	562	307	88	19	617	1531	1993	148	7
2017年度	2131	976	1155	83	238	163	646	557	350	79	15	585	1546	1935	195	1
2018年度	2279	1083	1196	22	266	263	622	604	403	85	14	610	1669	2089	188	2
2019年度	2665	1364	1301	17	331	223	767	681	445	184	17	774	1891	2422	238	5

　2015年度から2019年度までの推移ですが、2015年度が1941件、2016年度が2148件、2017年度が2131件、2018年度が2279件、2019年度が2665件となっており、年々、増加傾向にあります。全国的に見ましても、同じ傾向にあります。特に、最近、テレビや、ネットニュースなどで言われていることは、このコロナ禍において、自粛や在宅勤務が続き、保護者が子どもと接する時間が多くなったことから、虐待などの相談件数が増えてきていることです。今のところ、清瀬市では、そのような傾向は顕著には見られませんが、今後、注視していかなければならない課題であると、感じています。

　相談件数のうち、2019年度の内訳ですが、電話による相談が1364件、面接による相談が1301件、また、世代別に見てみますと、10歳未満が17件、10歳台が331件、20歳台が223件、30歳台が767件、40歳台が681件、50歳台が445件、60歳以上が184件で、不明が17件です。男女別では、男性が774件で、女性が1891件です。この数値から考えますと、相談者は、お子さんを育てている母親が多いということが分かります。

　また、相談方法のうち、面接の件数の推移を見てみますと、2015年度が946件、2016年度が1210件、2017年度が1155件、2018年度が1196件、2019年度が1364件と、直接会っての相談件数が、年々増加している、言い換えると、その需要が増えているということです。

　つまり、コロナ禍における子育て支援の在り方を考えるにあたっては、これらの相談者への対応を、いかにして継続していけるかを、サービスの

在り方を含めて検討していくことが重要と考えています。

　次に、子どもの相談に関する内容別の状況です。

表2　子どもの相談

相談内容		2017年度		2018年度		2019年度	
		件数	延件数	件数	延件数	件数	延件数
育児・しつけ		53	55	71	82	50	57
不登校		29	37	34	62	103	127
引きこもり		6	10	11	12	28	29
いじめ		1	1	2	6	3	3
適性		9	10	21	28	37	39
障害・発達		93	244	89	176	158	208
性格行動		122	194	169	281	197	240
非行・ぐ犯		8	10	9	26	19	19
虐待	身体的	103	174	78	133	86	108
	心理的	65	91	80	145	113	143
	性的	4	5	4	5	1	1
	ネグレクト	28	63	31	69	9	10
虐待小計		200	333	193	352	209	262
その他		226	322	220	300	181	229
合計		747	1216	819	1325	985	1213

　前述したとおり、子ども家庭支援センターでは、子どもに関する様々な相談を受け付けています。内容としましては、育児、しつけ、不登校、引きこもり、いじめ、適性、障害・発達、性格行動、虐待など、多岐にわたっています。2016年度から2017年度にかけて、虐待相談件数が増加しました。その要因は、児童福祉法の改正により、「児童相談所から市町村へ逆送致することができる」ようになったためで、主な逆送致内容は、近隣等からの泣き声通告などとなっています。これらは、地域において継続的に支援が必要な案件と考えられており、そのような案件は市町村が運営する子ども家庭支援センターで対応した方がより支援が充実できると考えられています。このように、子ども家庭支援センターに期待されている法改正等を踏まえても、コロナ禍における子育て支援の検討に当たっては、児童虐待への影響も考慮しなければならない重要な事項と言えます。

　次に、家庭の相談状況です。

表3　家庭の相談

相談内容	2017年度		2018年度		2019年度	
	件数	延件数	件数	延件数	件数	延件数
夫婦間	29	44	28	40	13	20
人間関係	12	14	5	5	1	1
就　労	0	0	2	2	12	12
住　宅	0	0	4	5	4	5
公的援助	200	252	227	273	242	254
医　療	95	121	104	137	141	161
その他	307	484	349	492	887	999
合計	643	915	719	954	1300	1452

　こちらも、年々増加しており、これらの相談内容が、コロナ禍でどのように変化していくのか、その点を今後注視していく必要があります。特に、注視していく点は二つ。

　一点目が、新型コロナウイルスは、全国的に、経済活動に大きなダメージを与えました。当然、清瀬市の住民も同様だと推測しています。そうしますと、公的援助に関する相談が、今後、増えてくるのではないかと懸念しています。

　二点目は、その他に分類した件数が増えていることです。このことは、相談内容がさらに複雑化していること、そのことにより、これまで関係していなかった支援機関との調整が必要になっていくケースが増えていく傾向にあります。コロナ禍における支援体制の検討に当たっては、この二点も視野に入れて検討していかなければなりません。

3　子育て支援を支えるサービスの提供

　相談業務で受け付けた案件に対して、コロナ禍においても効果的にアプローチしていくためには、子育て支援サービスの内容をしっかりと把握するとともに、コロナ禍での利用状況を注視していく必要があります。

　子ども家庭支援センターの主な役割の二つ目に、サービスの提供を挙げました。具体的なサービスとしては、近くに両親や親せきなど、頼れる人が居ないですとか、産後の体調がすぐれないけど、休んでいられないです

とか、下の子が生まれて、上の子とゆっくり遊ぶ時間が持てないですとか、子どもに泣かれて、つらい、イライラすることがあるですとか、そんなときに、育児経験の豊富な先輩ママが、無料で訪問をして、ママの話を聞いたり、一緒に出掛けたり、離乳食や料理を一緒に作ったり、子育ての仕方を一緒に考えたりしてくれるホームビジター。同い年の赤ちゃんを持つママさんたちの交流・情報交換の場や、子育てスキルを学んだり、助産師による個別相談をまじえた中で、妊婦さんから卒乳のママを対象に、授乳の悩みを話し合ったり、トラブルへの対処法を学んだり、赤ちゃんの防災講座、救急講座、発達講座など、専門の講師から指導してもらえる場を設けたりと、多岐にわたるメニューを揃えた子育て講座と広場、いきいき子育て支援事業。赤ちゃんから小学校に行く前の乳幼児が、お父さん、お母さんと一緒に遊べる場でもあり、子育てアドバイザーが子育ての悩みや相談を受けている、つどいの広場事業。地域で子育て真っ最中の人たちと、その声を受け止めようとする人たちで作られたネットワークのメンバーが、アイレックや中里地域市民センターで、育児仲間との交流を図っている、子育てネットワーク支援事業。育児の援助を受けたい方と、援助を行いたい方が会員として登録し、地域の中で子育てを助け合う事業で、一時預かり保育、病児・病後児保育、お泊り保育を行うファミリー・サポート・センター事業。母子家庭、父子家庭において、一時的な疾病などでお困りの時、ひとり親になった時期で生活が不安定な一時期、保護者の就労の時などに、育児や食事の世話などをするヘルパーを派遣する、ひとり親家庭ホームヘルプサービス事業。入院、出産、家族の看護などで、子どもの面倒を見ることができない場合に、お子さんをお預りする、ショートステイ事業。育児や家事の手助けをしてくれる人が居ない、産前産後、多子同時出産、心身の不調などでお困りの時、ヘルパーを派遣し、食事や洗濯等の家事援助や育児援助などを行う、養育支援ヘルパー派遣事業。

　これらのサービスは、子育ての悩みやイライラ、苦しみ、戸惑い、そんな感情を、少しでも軽減することで、実は、虐待の要因となる危険因子を減らしていくために、重要な役割を果たしています。

その一方で、注目すべき点は、見てお分かりのとおり、サービスの性質上当然ではありますが、いずれも、直接会う、触れ合う、お話をするなど、接触を基本としたサービスとなっています。

では、コロナ禍での利用状況はどうなのか。

まだまだ、コロナ禍での実績は、数値としても積み上げが乏しく、一概には言えないと感じますが、例えば、ひとり親家庭ホームヘルプサービス事業では、2019年度の4月から8月までの利用状況と、2020年度の4月から8月までの利用状況は、次のとおりです。

表4　ひとり親ホームヘルプサービスの利用状況

	2019年度		2020年度	
	利用者数	利用時間	利用者数	利用時間
4月	151 人	499 時間	67 人	240 時間
5月	139 人	482 時間	56 人	209 時間
6月	120 人	354 時間	89 人	261 時間
7月	134 人	428 時間	83 人	213 時間
8月	119 人	519 時間	71 人	227 時間
合計	663 人	2282 時間	366 人	1150 時間

5か月間の利用状況を比較しますと、利用者数では、2019年度が663人であったのに対し、2020年度が366人と44.8％の減、利用時間では、2019年度が2282時間であったのに対し、2020年度が1150時間と、49.6％の減となりました。つまり、コロナ禍での利用は、従前に比べて、4割から5割程度減少したということになります。もちろん、現状の要因がコロナ禍であるのか、あるいは他の要因が大きいのかなど、今後の考察が必要ではありますが、例えば、在宅勤務の増加により、ヘルパーの必要性が減少したですとか、近くの親などに子の保育をお願いするケースが増えるなど、そんなことも考えられます。

さらにサービスによっては、三密を避けるために、入場人数の制限を設けています。例えば、当市のつどいの広場事業では、就学前のお子さんとその保護者が集まるわけですが、コロナ禍においては一時休止していた時期もあり、また、再開後には、感染予防を徹底させるため三密を避けるた

めに、１回あたりの入場できる人数を制限しています。また、それに伴い、多くの方にご利用いただけるように、利用時間を区切らせていただき、入れ替え制で事業の継続実施をしています。

4 コロナ禍で見えてきた今後の課題

今後の課題として、次の二点が挙げられます。一点目が、従前のサービス等を継続的に安心してご利用いただくための対応策を考える。二点目が、従前のサービス体系とは別に、コロナ禍における効果的なサービスの在り方を検討、模索する。

まず一つ目ですが、こちらは、どの自治体、ＮＰＯ法人等も、感染対策として、対人接触時には、手洗い、マスク、手指消毒、検温など、ウィズコロナの新たな生活様式として、定着しているかと思います。国においても、保育園、学童クラブ、一時預かり事業、子育てひろば事業、ショートステイ事業などに対して、マスクや消毒、空気洗浄機の購入等に要する費用を全額補助し、コロナ禍における事業継続を支援しています。

また、前述のつどいの広場のように、三密を避けるために、入場人数の制限を設けて、その一方で多くの方にご利用いただけるように、時間を区切り入れ替え制で実施するなど、実施の方法そのものをコロナ禍にあった内容に変更しています。

ただ、ここで重要なのは、その取組み、安全性を利用者に感じていただくこと、利用したい人が気軽に利用できるようになること、この点だと考えています。当市においても、感染予防には万全を期していますし、また、相談員がサービスを説明する際に、感染予防の取組みを丁寧に説明し、また、利用者へも同様の取組を促すことにより、お互いの感染リスクを軽減し、サービスの利用促進に努めています。

次に二点目ですが、こちらは国をあげて、様々な取組みが提案されてきています。

つどいの広場事業では、従前は、直接会って親からの相談等を受けてい

たわけですが、この取組みを継続しながら、新たにテレビ電話を活用した相談支援やオンライン会議による関係機関との連携・調整等を行うための通信機器を備えたタブレット端末等のＩＣＴ機器の導入等の環境整備、その他、新型コロナウイルス感染症の拡大防止に配慮した相談支援体制の構築・強化に資する取組みを行うための経費を国が補助することにより、オンライン環境での相談事業を促進しています。

　子ども食堂推進事業では、2020年度は子どもの食の確保事業として実施することにより、従前の子ども食堂に加えて、そのほかの団体等が実施する事業を含めた中で、地域の子どもやその保護者が気軽に立ち寄り、栄養バランスの取れた食事をとりながら、相互に交流を行う場を提供し、また、在宅の子どもやその保護者を対象に、食事の提供を行う子ども食堂等に対して、事業に利用する消耗品費、会場の賃料、車両の賃借料、通信費、郵便代、保険料などの経費を国が補助することにより、子どもの貧困問題や虐待問題への支援が途切れないよう取り組んでいます。

　一時預かり事業などへの支援として、コロナ禍において一時預かりが利用しずらい方に対して、電話やＳＮＳ等で育児の相談を実施した分に関しては、その部分を補助金の算定基礎に算入できるなどの財政支援が国において認められ、コロナ禍での子育て支援が低下しないよう、子育て支援の在り方を充実させていますし、このほか自治体独自での財政支援を実施しているところも見受けられます。

　また、清瀬市では、他の市に先駆けて以前より、子育てクーポン、商品券事業を実施してきています。０歳から就学前までのお子さんについて、保護者に、前述しました子育てサービスや事業に使用できるクーポン6000円分と、市内の商店で使用できる4000円の商品券を交付しています。この事業は、子育て支援が必要な方が、サービスを知る機会の確保、利用にあたっての負担軽減を図ることができますので、今後のコロナ禍における効果も期待できます。

　いずれにしましても、国、都道府県、市町村におきましても、ウィズコロナの新生活様式に向けて、子育て支援が途切れることなく、さらに充実

させるためには何が必要か、今まさに議論されているところです。

　これまでの接触型サービス、この部分は非常に重要で、人の心と心の繋がり方としては、やはり基礎にしていかなければならないと感じる一方で、非接触型のサービスの需要にも応えていく必要があり、近い将来、この2つの対応が両輪として、支援の主軸となっていくのだろうと考えています。

　そして、そこには、その取組みを始めるため、そして継続していくために、国が責任をもって、十分かつ継続的に財源を投入することが必要です。

　子育て支援、児童虐待、養育困難家庭への対応などへの課題に関しては、自治体の財政力格差による施策の差が生じてはならないのです。

新型コロナと「オンラインによる出産と子育て支援」

● やまがたてるえ（助産師、松戸市教育委員会教育委員）

助産師、チャイルドファミリーコンサルタント、メンタル心理カウンセラー、NPO法人子育て学協会理事、NPO法人へその緒の会理事、NPO法人ちぇぶら理事、NPO法人ピルコンアドバイザー、NPO法人JASH性の健康協会アドバイザー、松戸市教育委員会教育委員。地域子育て支援を中心に活動し、blogなどでの発信から本を出版。現在まで6冊の本を執筆。性の健康教育講座や更年期講座、子育て学講座など講演活動や個人のカウンセリングを行う。

2020年が記憶に忘れられない年になったのは私だけではないと思います。多くの人々が新型コロナ感染の不安の中にいて、悩み、苦しみました。その中で私が経験した「オンライン子育て支援」のあり方をめぐって、手探りですが可能性と今後の展望について、また、当事者であるママ・パパの声を届けられたらと思います。

ふだん「当たり前」に受けていた子育て支援、教育、福祉、医療の「当たり前」が継続できず、しかも今までの生活が、すべてがガラガラと音を立てて変わって行ったことは間違いないでしょう。

特に教育においては戦後始まって以来の学校の休校の事態の中で、多くの子ども達、保護者、教育機関関係者にとって大きな課題が明らかになったと思います。私は助産師として、子育て支援に関わり、2016年から千葉県松戸市の教育委員を拝命し、教育行政にも関わってきました。その経験から、いま、何よりも感受性の高い子どもたちのことが心配です。コロナ禍での突然の休校は、子どもたちにとって、ただただ不安な毎日になっていったと思います。この間、子どもたちの気持ちはどうなっているのか？成育医療センターの【コロナ×こどもアンケート】がその辛い声の一部を代弁してくれているように思います（小中学生を中心に739人が回答）。

・コロナのことを考えるとイヤだ…40％
・さいきん、集中できない…………27％

- すぐイライラしてしまう…………30%
- 寝つけない・よる目がさめる……18%
- イヤな夢を見る………………14%
- ひとりぼっちだと感じる………… 9 %

　教育の現状のお話を先にさせていただきましたが、日本はまだまだ子育てと教育のつながりが弱いと感じています。スウェーデンでは保育と教育の間のやりとりをとても丁寧にサポートするシステムが存在し、子ども一人ひとりを全人的に肯定してから教育が始まっています。日本は子どもの人権についても諸外国と大きく遅れをとっていること、子育ての教育のスタンスも今後もっと一人ひとりが大切にされていく方向性が必要で、コロナと共に生きる時に重要なことになってくることは間違いないと考えています。

　さらに新型コロナ禍で見えてきたことがあります。それは、子育て・教育支援に、オンラインのコミュニケーションが役立つということです。

1 遅れている日本のオンライン事情

　本来なら、コミュニケーションを取れないはずのイギリスの助産師さんたちにオンラインでお話を聞くことができました。

　彼女たちの言葉に私は大きな驚きを感じました。コロナ禍においても妊娠出産（いわゆる産科）と病院は建物は同じ敷地にあっても玄関や利用施設は全く別だということです。もちろん混合病棟などはありません。なので、出産においてイギリスの妊婦さんやご家族はご自身たちが外出を控えるなどの工夫をしながらも、安心して出産を行うことができているという現状と、何よりもそれを国が政策的に応援しているということです。

　そこには女性たちと助産師の信頼関係があり、女性が自分たちで選択できるということです。きっと日本の女性の中には助産師と看護師の区別もつかずに出産ケアを受けたケースもあると思います。もちろん日本でも

「助産師さんがいてくれて本当に心強かった」と声をかけていただいたことが何度もありますが、イギリスは出産前の女性や子どもたちももちろん周知の事実のように知られていることと、正常出産について助産師が行う役割だ、ということが確立しているからとも考えられます。

　ニュージーランドの出産システムも妊娠したらまずはマイ助産師を選び、連絡するという、日本とはまったく違うプロセスで出産までの流れがあります。助産師を選んでからその後どこで生むかを決めることができます。病院、バースセンター、自宅など女性の SRHR（セクシャルライツヘルスライツ）が保証されているとのことです。こちらも国と行政が大きく、そのシステムをバックアップしています。

　日本の現状では、嘱託医や連携医療機関についても開業するために個人で助産師たちが各医療機関に連携を個人レベルでお願いにいくケースが多いようです。

　今までの妊娠中の関わりでは、もともと心から安心した産後が過ごせるメンタルになれる状況でない現状の中、コロナ禍の中で、さらにどうしたらいいのだろうかという、ケアの限界のような状況に見えます。しかし、今だからこそ、「オンライン子育て支援」というものがとても有効であり、継続性と不安の解消が容易になることも可能だとういうことを感じています。赤ちゃんがお母さんのお腹にいる時から13歳になるまでの健康状態を定期的に調べる「エコチル調査」によると、ソーシャルキャピタル（社会的関係性の活発化）が豊かであると、精神面で健康状態が良好になることが明らかになっています。

　実際に新型コロナの感染が広がる中で、各自治体で一斉に両親学級、母親学級が中止になりました。また、お産も、出産を通して家族として成長するプロセスでもある出産立ち合いができなくなるという、とても辛い状況になりました。

2 どんどん広がる「助産師×オンライン」

そんな中、コロナ流行以前から、助産師の杉浦加菜子さんが、ご自身の
オランダでの子育ての経験からオンラインで「どこにいても一人ではない、
という気持ちで子育てをしてほしい！」と、【じょさんし online】という
サービスを2019年よりスタートしていました。24時間相談可能にしたいと
いう彼女の思いや、世界中にいる日本人助産師たちとの連携もあり、現在
ではアメリカ、フランス、中国と各国の助産師がオンラインで個別サポー
トや、子育て講座、両親学級をはじめとする妊娠出産子育てのためのオン
ラインサービスを行なっています。

緊急事態宣言が出てすぐに、杉浦さんの声がけで、有志の助産師含む医
療従事者が200名以上集まり【じょさんし online 緊急企画〜コロナなんか
に負けないぞ〜】という企画を2020年4月4日から4月19日まで全84講座
にわたって日本国内外の妊産褥婦、未就学児を子育てのご両親とその家族
に無料で提供することができました。私もこの緊急企画に初期の頃から参
加させていただきました。

この企画後の参加者アンケートではこんな結果と声が寄せられています
（申し込み総数1624組中、アンケート回収は762組。回収率52.7%）。

受講前後の心境の変化について、「とても不安」を1、「とても安心」を
5として、受講前後の変化を見たところ、受講前の不安が強い状態1〜
2と答えた人は64.2%だったのが、受講後は1.8%まで減少。また、安心
できている状態4〜5と答えた人が88.8%と増加。オンライン受講した
ことによって不安が安心に変わっています。

こんな参加者の感想が寄せられました。

「自分の子育てを応援してくれている」「ネットで検索するのとは違って
助産師さんの話や、他の妊婦さんの質問も大変参考になり、出産し子ど
もを育てていく勇気が出た」「自分が子どもを守らなければ、と気を
張っていましたが、子育てに携わっている方々の存在が身近に感じられ、
とても温かい気持ちになりました」

この緊急企画後、私自身は「対話型両親学級」という新しい形のオンラインの両親学級を独自で実行しました。4月〜7月に28組が参加。多くの感想をいただくことができました。ある参加者の感想を紹介させていただきます。

　「一方的に話を聞くスタイルではなく、質問をしながら対話する形はとても新鮮でした。そのなかにも妊娠中の過ごし方のヒントをたくさん教えていただきました。1時間のなかで新たな知識も得ることができたし、自分自身の想いを引き出してもらった感じでした。上の子がいるとどうしても日々の生活をこなしていくことに精一杯になってしまいます。すぐに答えられない質問もあり、自分のことなのに、掘り下げて考えたり感じたりする機会が少ないのかもしれないと思いました。自分の気持ちにすら気づかずに生きていくのはとてももったいないことだなと気づきました。質問に答えていくことで、夫や子どもへの感謝の気持ちが自然と湧いてきました。すると自分がどれだけ大切にされていて愛されていて、幸せな存在なのだろうと、とても嬉しくなって、涙があふれてきました。オンラインで助産師さんや全国の妊婦さんと出会えるなんて、すごいご縁だし、お腹の赤ちゃんが繋げてくれたんだなぁと思うと愛しくなります」

　専門スキルや経験を生かすボランティア活動を「プロボノ活動」といいますが、私の貴重な経験の一つにコロナ禍において、出産までの陣痛を乗り越える産婦さんのオンライン寄り添いという経験もさせていただきました。少しでも力になれたらと思い伴走させていただけたことに深く感謝しています。

3 親子が安心する「心のサポート」

　これと並行して「オンライン子育て広場」にも4月から7月で55名の親子に参加していただき、こちらにも感想をいただきました。

　「コロナで自粛中で、他のママさん達とお話しする機会がなかったの

で、お話しできて楽しかった」「参加者の方のお子さんの年齢や兄弟構成が様々で、先輩ママさんのアドバイスを聞けたり、この先に悩むであろう悩み事を聞けたりと、とても勉強になりました。参加者の皆さんと画面越しでも同じ空間にいられるのが嬉しい」

オンラインを通しても、子育てをする心のサポートは可能ということが見えてくる言葉をたくさんいただくとともに、色々なオンライン講座で出会ったママが直接この9月に子育て支援の現場に会いに来てくださっています。オンラインという形からリアルなサポートや対話の場を重ねていき、心理的安全性を保てる人間関係ができたならば、困難さを抱えた時にも「あの支援者に話してみよう」と、オンラインでの信頼が次のサポートの糸口にもなってくれさえするのだと現場で実感をしています。

このようなオンラインでの子育て支援で、助産院を運営する一方で「オンラインサロン」という形で支援を広げている助産師さんもいます。静岡県御前崎市の海のすぐそばにある【おはな助産院】院長の野口智美さんが運営している【ママと助産師の集いの広場】。2020年10月でメンバー数170名になり、定期的なオンライン広場や、オンラインヨガのクラス、メンバーが参加できる両親学級や子育てや健康に関する講座の提供、オンライン座談会で出入り自由の夜のおしゃべりなど多様なサポートと、参加者同士の交流や相談も盛んに行われています。

特徴的なことは助産師メンバーが多く、子育てに迷うママたちのサポートのほか、そのメンバーたちも一母親として迷いや悩みを共有し合いながら、互いを応援サポートし合う関係性ができていることです。

まさに、オンラインサロンはソーシャル・キャピタルの一部を担っていると言えるでしょう。

他にも、【みのおママの学校】（大阪）は、子育て支援を行う合同会社を立ち上げた助産師の谷口陽子さんが【じょさんしカフェ】いう個別相談をオンラインで行い、相談を受ける助産師はプロボノという形をとって丁寧な個別対応のサービスを無料で行うなど、社会貢献度の高い活動と、そこでも大阪の助産師とたとえば関東のママが繋がって、実際に会いにいきた

い！という繋がりができてきています。

　また、3年前からイギリス在住の助産師・西川直子さんは子育てをしながら、【世界のママが集まるオンラインカフェ】いう世界中に住んでいる日本のママたちがおしゃべりをして心が元気になる（まさにソーシャル・キャピタル）Zoomのイベントを開催しています。世界中の日本人ママたちからの現地での子育てのお話が聞けたり、気のおけない「好きなもの」の話をしたり、他にも講座の企画でたくさんのママたちを繋ぎ、心をリフレッシュするオンライン子育て支援の先駆者とも言える活動をされています。

　今後は産婦人科オンライン、小児科オンラインなどもますます需要が伸びていくようにも考えられます。これも子育てママ・パパと医師、看護師、助産師が分断された新型コロナ感染がきっかけになると思います。

　今後もオンラインの子育て支援はますます盛んになりながら、だからこそリアルな場所も一緒に大切にしていき、子育てをする全ての人が命を諦めることのないようサポートしていくシステムが本当に必要になると思います。そして、オンラインだからこそ「選べる、選ばれる」という点でもケアする側が常に学び、ブラッシュアップをすることと、新しい対話型や参加型、そして一緒に学び深め参加している方自身が自己成長を感じられるような形をめざし、その気持ちが子育てにフィードバックされていくこともとても重要だと考えます。

　特にコミュニケーションや心理学について学ぶことや、家族関係を含めた発達予防的な知識があることも今後のオンライン相談には必要な学びとも考えます。オンラインでこの先は個別のサポートを当たり前に受けていけることや、一人ひとりが大切にされる経験をすることによって、心の疲弊が減り、子育てに対してのポジティブな側面にフォーカスが当たるようになってくると考えられます。

　色々なケースを紹介しましたが、今後は妊娠期から、妊娠出産子育てを伴走するオンライン版「マイ助産師」のような継続ケアが必要です。特に外に出ることが難しい（生後3か月まで）間などはオンラインでいつでも

気軽に安心して今までの経緯も全て知っている信頼する専門家とつながれることが、周産期の気持ちケアになること。大きな期待と展望を持っていいことと考えています。また、地域の助産師として、オンラインとリアルのハイブリット支援の形をもっとこれから多くの自治体でも実践していただけるように何かの力になれたらと考えています。

東京「里帰らない人」応援プロジェクト

● 濵脇文子（助産師　東京里帰らない人応援プロジェクト　サブリーダー）

県立長崎シーボルト大学大学院修士課程修了（看護学修士）。国立保健医療科学院専門課程終了。助産師外来から出産、産後ケアまで幅広く従事し、数千人の母子と家族のケアを行う。現在、（株）マイユティックス代表取締役、（一社）女性の健康推進協会代表理事。

新型コロナの感染拡大は妊娠中の母親も直撃しました。

2020年4月の「緊急事態宣言」以前から、病院やクリニックで独自の感染対策を行い、妊娠出産を取り扱う産婦人科においては、母子二人の命、特に感染症などに免疫が弱い新生児のために、より厳密な対策が必要となっていました。それでも妊娠中の母親学級や両親学級など健康教室が中止になり、出産の立会いや入院中の面会制限、入院期間を短縮する施設も増加。出産に向けて心身の準備や、退院後の育児に不安を抱えている妊産婦が急増しました。

加えて深刻になったのが、首都圏から実家に帰って子どもを産み、母親に産後の養生や子育てを手伝ってもらう、いわゆる「里帰り出産」ができなくなり、母親も娘のいる首都圏に来られない状況が生まれたのです。このような、前代未聞の緊急事態に対し、出産・子育ての専門家として日々地域で活動する開業助産師として、何かできることはないかと仲間で話し合い、今回の支援組織を発足させることになりました。名付けて「東京里帰らない人応援プロジェクト」です。

1 新型コロナ禍で出産・子育てをするということ

日本には、妊婦が、今住んでいるところを離れて実家に帰り、実家の近くの病院などで出産し産後、1〜2か月程度子育てを行う「里帰り出産」という文化があります。出産経験のある母親が側にいて身の回りの世話を

してくれたり、緊急時にサポートしてくれる、病院まで一緒に行ってくれるなどのメリットがあります。子育てのスタートを夫婦二人だけでなく、複数の大人で支えるという、とても理にかなった文化です。近年、少子高齢化、都市化が進む日本ではありますが、この文化は根強く残っています。新型コロナウイルス感染拡大のため、外出が制限され、移動も制限されたことで、里帰り出産を計画していた妊婦が里帰り出産できない状況が発生し、各種メディアでも大きくクローズアップされました。

　移動の制限により里帰り出来ない方々は大きく分けて 3 つのパターンがあります。

①出産前に里帰りを予定していたが、里帰りできず、里帰り出産ができないケース。

②出産直前に里帰りして、里帰り出産をする予定だったのに、里帰りできないため、東京で出産し、産後のケアも家族からもらえないケース。

③自宅エリアで出産し、その後実家に戻って産後のサポートを実家の家族にしてもらう予定だったが、産後のサポートを家族からもらえないケース。

　これらのパターンを、ベネッセ教育総合研究所の「妊娠と出産の実態」のアンケートをもとに算出すると、里帰り出産が出来ないことによる影響を受けると考えられる人が 7 割程度いることが分かりました。東京都における年間の新生児数は、東京都人口動態統計年報（2018年の確定数）によると、10万7150人。その 7 割ですので、約 7 万人が何らかの影響を受けると想定されました。

　また、マクロな課題として、平常時においても妊娠出産育児期は、ホルモンの影響に加え、産後の育児の立ち上げが上手くいかず不安が増強したり、産後うつになったり、パートナーとの関係性がこじれ「産後クライシス」が発生しやすい状況にあります。産前・産後の十分なケアが必要な時期でのコロナ禍。自分や家族がいつ感染するかわからない不安に加え、移動自粛により必要なサポートを得られない非常時において、誰かが何らかのケアをしないと、その確率が高まる危険があると想像できます。

地域の開業助産師からの呼びかけ

　日々、地域で母子支援の実際に関わっている開業助産師たちは、今回の新型コロナウイルスが出産・産後に及ぼす多大なる負の側面に対し懸念を抱いていました。そんな中、調布市で出張母子ケア Amanma の田中佳子助産師の呼びかけにより、有志の助産師数名と子育て支援を行う関係者があつまり Zoom による会議を行いました。そこで、まず現状の把握と今後妊産褥婦に起こる問題の共有を行いました。

　皆さんの関心の中心は、新型コロナ禍での周産期の現状と今後の予測。想定される問題点を列記します。

＜妊娠期＞

①母親学級・両親学級の中止により、産前教育の機会の喪失。

②妊婦健診の時間縮小により相談できる時間が減少し、不安の増大。

③就業妊婦の感染リスク（厚労省から各団体へ就業規制要請は行われたものの、実施できる業種や会社は限られている）。

④自宅待機、外出制限による体力の減少で筋力低下による出産、産後の回復、育児への影響。

⑤コロナ感染受け入れ病院での出産に対し、院内での感染不安。

⑥立会い出産・面会制限又は中止に伴い、妊娠・産後の孤独からの不安の増加。

⑦早めに里帰りを検討し、そのことありきで出産産後の計画を立てていたが、産院からの受け入れ拒否の為、産院探しから始めないといけない（のちに、東京都医師会などが里帰り予定だった人を受け入れることが可能な病院のリストを公開）。

⑧産院受け入れ拒否のため、助産院や自宅出産の要望が増える可能性。しかし、臨月での対応は出来ず、高齢初産・ハイリスク妊婦の受け入れが難しい。

⑨夫の通勤勤務による感染のリスク。

⑩妊娠中の入院制限（妊娠悪阻など）。

＜出産・入院期＞

①立会い出産の中止に伴い、お産中の孤独感や不安が増強しお産への影響。

②産後の面会制限または中止。孤独感、産後のマタニティーブルーの増加。

③産後の入院期間短縮により、育児技術の習得ができないまま退院。

④コロナ陽性妊婦は選択的帝王切開を推奨（産婦人科学会）。

⑤感染疑いからの不必要な医療介入。

⑥経産婦においては、上の子との面会制限による不安の増強（母子ともに）。

⑦夫の立会い・面会制限により、早期アタッチメントができず父性意識の遅れ。

＜産後期＞

①育児習得が未熟なままの退院。

②実母のサポートが得られない（両親も高齢、都内に入ることでコロナ感染リスク増大）。

③上子も保育園休園。サポートのない中、一人で新生児と上子の対応。

④産後の乳腺炎の病院受け入れができない。乳腺炎の悪化により心身ともに疲弊。

⑤赤ちゃん訪問、乳児健診の中止により、児の成長発達への不安。

⑥孤独と閉塞感によりマタニティーブルー、産後うつの増加。

⑦感染に対する過度な不安（助けも借りたいが、感染したら怖いなど）。

　上記のような問題点を見て、地域で母子保健活動を実践している開業助産師として、何かできないか、主要メンバーで議論を重ねました。機会の喪失に関しては、東京都助産師会が妊娠出産育児に関する教育をYouTube で発信したり、助産師オンラインなどのネット相談事業が立ち上がっており、知識の収集は可能と考えたました。しかし、妊産褥婦だけでなく、夫や上子など、家族を含めたもっと個別的な継続したケアの必要性を考え、オンラインのみならず、実際に訪問を行うことで家族を含めたケアが出来るのではないかと思い、そのようなプログラムの必要性を共有しました。

②　訪問産婆ステーションギルドを発足

　上記の問題を解決するために共に活動を行ってくれるメンバーを募集しました。メンバーは、幅広い問題への相談や産前教育に対し、即戦力と実践力が必要であり、また緊急事態での臨機応変な対応が必要になる為、加入条件を次のように課しました。

①日本の厚生労働省が定める助産師免許を有する者。

②日本助産師会に加入し、助産院の所属または開業届を出している者。

③助産師賠償責任保険に加入している者。

④当プロジェクトの委託業務としケア内容は助産師の判断で自己責任となることを承認した者。

　以上の条件を満たし、規約に同意を得た助産師に登録を行ってもらいました。知り合いや、普段から地域母子保健活動の実践を行っている東京都助産師会の会員の方々に声をかけると、40名ほどの開業助産師が登録し、23区を始め、町田市、調布市、八王子市、東久留米市、国立市、三鷹市、昭島市、埼玉県八潮市などを網羅できる人材が集まりました。

　運営には、プロジェクトリーダー・髙橋孝予、安全管理・田中佳子、広報・井谷仁美、監事・株式会社こそらぼ久保主税、事務局・株式会社グループライズ斎藤哲、サブリーダー・濵脇文子で担うことになりました。

東京里帰らない人応援プロジェクト

　2011年の東日本大震災の時には、東京都助産師会が被災地から東京へ避難を希望する妊産婦さんを受入れ、安心して出産・産前産後の生活を送っていただくための「東京里帰りプロジェクト」を実施しました。震災で大変な中でも、実家に「里帰り」するような気持ちで過ごしてほしいという願いを込めこのようなプロジェクト名にしたそうです。今回は、東京から里に帰れない方の支援なのですが、私たちはあえて「里帰らない」という表現にしました。帰れないというネガティブな表現ではなく、あえて帰らないという積極的な意思として表現しました。夫婦で、東京で出産子育て

をしていく方々を今までも、そしてこれからも、東京の助産師が支えていくという意思の表れでもあります。

3 プロジェクトの目的と種類

　細かい取り決めは以下の通りです。

　本プロジェクトは、新型コロナウイルス禍での緊急支援プロジェクトとして、2020年5月1日〜2021年4月30日の1年間（状況の変化に伴い期間は変更する）の予定でスタートしました。

　プロジェクトの目的は、東京在住の妊産婦と地域の助産師を繋ぎ、産前・産後の継続したパーソナルサポートを実施し、妊産婦や家族の不安を軽減することです。新型コロナ感染拡大による妊産婦の緊急支援プロジェクトとしての、アウトリーチ型（希望時、産前は感染のリスクを十分考えオンラインでの面接相談を）の産前産後ケア事業としました。

支援対象

　東京都内在住でサポート不足を感じている妊産婦と産後 1 ヶ月以内の親子。里帰りの有無、実際のサポートの有無は問いません（2 ヶ月以降の場合は要相談）。

　プロジェクト名には「里帰らない」とありますが、新型コロナウイルス感染症の影響により必要なケアを受けられない東京在住の妊産婦とその家族を対象としました。

支援の内容

　対象の申込時期、介入時期により必要なケアは異なります。例えば

妊娠中：マイナートラブルの対応、個別での母親・両親学級、育児準備のアドバイス。

産　後：授乳指導、乳房ケア、育児手技の指導（抱っこ、オムツ替え、沐浴など）。

　　　　産後のマイナートラブルの対応　赤ちゃんの成長発達の観察、上の子の対応、パートナーシップのアドバイス、地域で使えるサービスの紹介などを行います。

　具体的には、妊娠期から安心して妊娠、出産、育児に臨めるようサポートします。妊産婦と家族（パートナー）にパーソナルサポートをしていきます。オンライン相談や、パートナーが妊娠中からサポートできるよう健康教育を個別に実施します。産後は早期から実際に自宅へ訪問を行い、母体の健康状態のチェックや、児の発育評価。育児技術の習得支援、沐浴の実施など状況の合わせ、個別に対応します。産後の急激な心身の変化と短い入院期間の中で育児技術を習得するには限界があります。特に、産後 1 ヶ月以内は授乳に関する不安が生じやすく、母子も変化しやすい時期ですので、丁寧に支援します。初産婦は初めての育児で赤ちゃんの対応に戸惑いが大きく、経産婦は上の子の対応などに戸惑いが大きくなります。退院後早期から継続的に介入することで、授乳などを確立し、安心して自信を持って育児がスタートできるようサポートしていきます。立ち会い出

産や面会の制限により、早期に赤ちゃんと触れ合うことができず、パートナーもどのように育児やサポートをして良いか戸惑いが大きくなることが予測されます。退院後早期から、パートナーに育児技術の具体的なアドバイスや産後の心身の変化に対する対応など父親の役割が持てるようサポートしていきます。

活動時期と回数

・妊娠中〜産後 1 ヶ月以内の時期に 5 回のケアが受けられます。

・妊娠中はオンラインでの面談、訪問も選択可。

・産後からお申込みの場合は産後 2 ヶ月頃までに 5 回が目安とし、それ以降の場合は応相談。5 回のケアが終了した後は、必要時担当助産師の設定する通常のサービスをご利用頂けます。

料金

産前と産後で合計 5 回の個別指導・ケア／¥55000（税込）＋交通費実費

＊通常価格10万円のところ、緊急支援として当面の期間は 5 万円といたします（助成金の活用などにより、変更の可能性あり）。

支払い方法

担当助産師とプランニングの際に各助産師が指定する方法（決済方法・振込先など）でお支払い頂きます（今後　支払い方法を電子化など変更することもあり）。

キャンセルについて

日程変更、解約は直接担当助産師にご連絡ください。訪問決定後、前日17時以降の自己都合による日程変更は 1 回分の利用とみなします。原則お支払い後の返金、担当助産師の変更はいたしかねます。利用者やご家族の感染などやむをえない理由によるキャンセルは返金いたします。

申込み方法

WEB や SNS（Instagram）リンクより申込みフォームを利用。

＜専用申込みフォーム　https://myjosanshi.sakura.ne.jp/tokyo ＞

利用者と担当助産師のマッチング

申込みがあったら、事務局が対象の近隣の助産師へ依頼もしくは、グループ LINE にて、挙手制としました（近い地域の方優先で担当してもらう）。訪問日などは利用者と担当助産師との間で直接相談し、日程調整等行うようにしました。

訪問助産師の感染対策

ケアの実施者は、開業助産師で日々感染管理には留意しています。しかし、今回は新型のウイルスであること、まだワクチンや治療法がない状況のため、開始時点でエビデンスがある厚生労働省からの通達や、各種学会や協会などのマニュアルに準じ、感染対応マニュアルを作成しました。以下はその内容です。

＜電話応対時＞

状況把握

①母体の発熱状況、微熱でも疑いありとする。

②咳、鼻水、痰の絡み、息苦しさ、倦怠感、味覚障害、臭覚障害等の症状の有無。

③共に過ごしている家族の①②の症状の有無。

④ご本人、ご家族がコロナウイルス感染者（疑い）との濃厚接触があるか。

⑤その他乳腺炎に関わる状況かどうかの把握。

①②③④がある場合は、電話の対応とする。

＜訪問時の条件＞

以下症状など確認し同意書を記載してもらう（同意書・記録用紙作成）。

①当日の体温を確認する。

②ケア中は、ご本人とご家族（上の子も）はマスクの着用、または別室での待機。

③訪問時、と退室時は手洗いとアルコール消毒を行う。

④ケアする人は、マスク、ゴーグル（めがね）、使い捨て手袋、かっぽう着などの腕の出ないものを使用するとよい。（エプロン、防護服も可）。

⑤手洗い用のタオル（ペーパータオル可）は持参し、使用後はビニール袋に入れ、持ち帰る。訪問先でペーパータオルの使用が促された場合は使用後持ち帰る。

⑥施術時に、換気を1時間に2回以上行う。

⑦問診の時はなるべく距離をとる。

<訪問者の準備>　自分も感染源と思い　自分が感染者にならない

①体温測定（事前）をする。微熱でも注意。

②体調のチェックをする（咳、痰、味覚、臭覚、だるさなど、不調の場合は他の方に変更またはキャンセルする）。

　修正：風邪症状が軽くてもある場合（喉の痛み　軽い咳、鼻水なども）。

③濃厚接触があった場合は訪問を中止する。

④荷物は最小限にする。

<訪問時>

①玄関でマスク着用、玄関に上着、荷物をおく。その時、敷物またはビニール袋に入れる。

②先ず、手洗い。石けんは持参し、ご家庭の専用部分になるべく触らないように配慮する。

③エプロン（かっぽう着・防護服など腕を覆うもの）、手袋、眼鏡を着用する（可能であれば洗面所での着用）。※原則的に、新型コロナウイルスの皮膚感染はないと報告されているが、スタンダードプリコーション観点より手袋着用を奨励。

④マスク着用の確認をする。（同室者）できればケア中は母と助産師のみ
　の空間を作る。

⑤助産師はアルコール消毒をして施術する。

⑥ケア中の換気、１時間に２回以上、自分の顔、髪、衣服等に触れず、部
　屋の不要な部分に触れない。

⑦ケア後は手洗いをする（ゴミ処理）。

⑧着用したものは、ビニール袋に入れ、持ち帰る。マスクはつけたまま玄
　関の外へ出る（感染症対応ガウンテクニック）。

⑨会計等は事前に領収書などを記入し、玄関で素早く処理できるように準
　備する。事前に料金を伝えておく。

その他　追記

・赤ちゃんのオムツ交換は基本的に母が行う（糞便中にもウイルスあり）。

＜訪問後＞

①マスクの処理には十分注意する（玄関外はずし、ビニール袋に入れる）。
　帰宅後、手洗い・うがいを必ず行う。

②洗濯は特に汚れがひどくなければ通常通りで良い。

③使用物品の消毒をする。

④自分自身の体調に留意する。

⑤実施記録には、以下の事を記録しておくことが望ましい。

・電話対応時の確認事項について（前記）。

・訪問時の母とご家族の体調不良（発熱・咳・鼻水・痰・呼吸困難・倦怠
　感・味覚嗅覚の異常・後頭部の頭痛など）がないこと。

・当日の助産師の体温、症状がないこと。
　これらのことをお互いが了承の上訪問をしたこと。

その他の取り決めとしては、

・訪問したときに明らかに乳腺炎の症状があり、受診が必要であれば、

ご自身に電話対応をお願いする。助産師に診てもらったことを告げるようにお話しする。

・自身の体調管理をしっかり行い、本人、家族に少しでも疑いや不安がある場合は訪問を中止もしくは他助産師と交代するので事務局に連絡をする。判断がつかない場合も事務局に連絡をする。

・新型コロナウイルス感染症は発症2日前から濃厚接触、37.5度以上でなくても感染疑いとなる。訪問後に体調不良があった場合は事務局に連絡をする。

・新型コロナウイルス感染症は「指定感染症」となる。助産師会の賠償保険は適用となる。個人の賠償保険に関しては各自で要確認。メンバーのほとんどは開業助産師の為、普段より加入済みのため、補償内容の確認などを各自で行ってもらった。

　ケアの対象者に対しては、私たちの感染対策の意識の共有とケア対象者へのお願いも兼ね、次の留意点の同意を得ることにしました。

①できるだけ混雑しない交通手段で移動できる地域を担当する。

②手洗い・消毒・マスク・手袋などの感染対策の徹底に努め、ケアに臨む。

③東京都助産師会の助産師訪問従事者の感染対策マニュアルに沿ってケアに臨む。

④担当助産師の体調不良の場合はスケジュール、担当の変更を考慮する。

⑤利用者の家族全員の検温や換気、マスク着用、手洗いにご協力をお願いする。

⑥訪問中部屋の換気にご協力をお願いする。

⑦利用者家族内に2週間以内の渡航や感染者との濃厚接触、体調に気になる点がある場合は必ず事前にお申し出頂くようにする。

⑧訪問時に体調をチェックし同意書へのサインをお願いする（同意書・記録用紙作成）。

支援の実際

対象者　9名（中断3名）	完了	4名	進行中	2名
初経産	初産	6名	経産	3名
年代	30代	5名	40代	3名
申込時期	産前	4名	産後	5名
地域別	区内	9名	都下	0名

プロジェクト集計　2020年5月〜9月（9/28現在）
2021年4月末日まで、プロジェクトは続行予定。緊急支援ということで立ち上げた
プロジェクトですが、緊急事態宣言明けや自粛明けでも申し込みが続いています。

　対象者は、初産婦6名、経産婦3名と、当初の予測より経産婦のニーズが高いことも伺えました。初産婦は、何しろ初めてのことで赤ちゃんのことはもちろん、自分自身の身体のことなど、様々なことが不安であるということ。経産婦は、前回の出産の経験からのわだかまりや、上子との新しい関係性の構築などの相談が見られました。申し込みの時期としては、産前・産後が半々という状況でした。申し込んだものの、その後加療が必要で入院していた、別の支援が得られるめどがついた等で中断する方もいました。申し込みの時期としては、産前・産後が半々で、プロジェクトを知った時期が産後であったことや、産後の方が大変なのでそちらで支援を得たいとのことでした。

　利用者からは、こんな声が寄せられています。

・あと1回しかお会いできないことがとても残念なほど、心のよりどころにしております。分からないことや困ったことが、不安となって積み重なる前に解決できること、赤ちゃんのケアはもちろんですが、お母さんに寄り添っていただけることが、何よりも魅力だと思います（初産婦、4回終了時）。

・来てもらえていい時間になった。来てもらってなかったらどうなっていただろう（経産婦、5回終了時）。

・こんなときなので来ていただけるだけでありがたい。上の子も落ち着い

てきました（経産婦、2回終了時）。

・予定よりも早い出産で、里帰りも出来ず、実母も来られず、もう何もかもが予定と違い不安だった。産後からでしたが、すぐに対応してもらいありがたかった。なんでも相談出来て安心できる（初産婦、2回終了時）。

・コロナで外出が不安。毎週来てくれるので、親戚のお姉ちゃんみたい。同じ人が来てくれるので安心して相談できる（初産婦、3回終了時）。

等の声が聴かれ、新型コロナウイルスの不安と共に密室での緊張感の高い子育て環境に他者が入ることで息抜きになり、また新しい気持ちで子どもや家族と向き合うことが出来たようでした。

広報活動

　プロジェクトの申し込みや案内は、HP（https://myjosanshi.sakura.ne.jp/tokyo/）、Facebook、Instagram、Twitterなどで行いました。また、メンバーの勤務するクリニックや、知り合いの病院にもチラシを配布させてもらいました。6月以降は、Twitter上で助産師3人がQ&Aを発信し、ありがちな質問や、妊娠期や産後に役立情報を発信しました（8月で終了）。また、HPが出来るまで、Facebook上でプロジェクトの告知を行いました。また、共同通信（配信は東京新聞ほか）、読売新聞、NHK、毎日新聞デジタルなどのメディアの取材なども受け、本プロジェクトを必要とする人へ届くよう努めました。また、広報と共に公共性の高い事業内容であることから、東京都助産師会政策提言委員や各地区分会の協力のもと助産師のアウトリーチへの助成の要望などを行いました。

物品の確保と民間団体や個人からの支援

　感染対策に必要な、マスクや手袋などは、普段から訪問活動を行っているので皆ある程度のストックはありました。しかし、頻回なアルコール消毒や手袋の交換に在庫も少なくなり、また購入したくても市場から商品がなくなるという事態が発生していました。そんな中、株式会社やNPO、鍼灸院、そして現在子育て中の方々や妊産褥婦を心配される方々からの温

かいご支援により、マスクや予防医、アルコール、現金などの寄付があり、物品の補給を行うことが出来ました。これは、活動を行う上でとても励みになると共に、沢山の人が東京で子育てをする人々を応援していることが、とても嬉しくありました。

　物品の支給をスムーズに行うため、中野区、国分寺市、三鷹市、中央区、に拠点を創り必要な支援物品が受け取れるようにしました。また、SNSを利用しメンバー間で、手作り予防グッズの情報共有なども行いました。

4 ウィズコロナの妊産褥婦支援と今後の課題

　当プロジェクトは緊急支援で、目の前の困っている人を救いたいという専門職としての使命感のもと行ってきました。しかし、それと同時に、現代日本の周産期システムやお産や子育てをとりまく環境の問題も浮き彫りになりました。出産の安全性のため進められた分娩場所の集約化により、今回のような新型ウイルス等でクラスターなどを起こした場合は機能不全になるという危険性が指摘されてきました。

　今回のような感染症のみならず災害列島日本においては、地震・台風・水害と日々自然災害の危険にさらされています。より高度な医療が必要な方々のために医療崩壊を起こしてはいけません。ならば、医療性の低い生理的な出産や、産後その後の育児までをも支える小規模多機能の新しい仕組みなどが必要なのではないでしょうか。平時に出来ないことは、有事に対応出来ないと言われます。既存のシステムだけに頼らず、もう一度自分たちの足元をしっかり見つめ踏み固め、地産地消の子産み・子育て支援のネットワーク創りの必要性を感じます。

　また、今回、地域の開業助産師が繋がれたことも大変大きな意味がありました。普段は、それぞれの助産院で活動をしていますが、有事の際にはそれぞれの地域を知り尽くし、実践力のある専門家が繋がれることはとても重要なことです。どんな素晴らしいシステムがあろうとも、それを動かすのは人。困難な状況にあろうとも生命の火を絶やすことなきよう、命に

寄り添い続ける仲間と共に、今後も活動を進めていきたいと思います。

コロナ下での不妊治療

　新型コロナウイルス感染症（以下、コロナウイルス）の影響を受け、様々なことが中止または差し控えられています。その１つに不妊治療があります。国立社会保障・人口問題研究所が実施した「社会保障・人口問題基本調査（2015年）」によると、日本において不妊の検査や治療を受けたことがある（または現在受けている）夫婦は、5.5組に１組と公表されています。10年前には夫婦全体の10組に１組であったことを考えると、その数は増加しています。

　４月１日、日本生殖医学会はコロナウイルスの感染拡大を受け、不妊治療を延期するよう検討を促す声明を発出しました。声明が出された背景には、妊婦においてコロナウイルス感染の重症化の可能性が指摘されたこと、胎児に及ぼす影響が明らかになっていないこと、妊婦に禁忌の薬剤による治療が試行されていることから、不妊治療による妊娠が成立したあとのコロナウイルス感染への対応に苦慮することが予想されたことがあります。この声明を受けて、多くの不妊治療を行っている病院やクリニックは新規治療の開始を見送るとともに、人工授精、採卵や胚移植といった治療を中止しました。結果、不妊カップルは治療の中断・延期を余儀なくされました。５月18日、同学会は、日本の新規感染者が減少し緊急事態宣言が解除されたことを受け、感染予防行動をとった上で不妊治療の再開を考慮するよう新たに声明を発出しています。治療は再開されましたが、不妊カップルは感染リスクを踏まえた上で、不妊治療の種類と実施の可否についての選択を迫られているのが現状です。

　一般的に不妊治療には身体的、精神的、時間的、経済的の４つの負

担があると言われています。NPO 法人 Fine（ファイン）が不妊・不育治療患者を対象に行った「with コロナ時代の妊活中の不安に関するアンケート」結果によると、緊急事態宣言発令中に感じた不安や心配の中には、「年齢が上がることへの焦り」があると報告されています。また、年齢が上がるほど、治療を中断・延期せず継続することを望む人が多かったことが明らかにされています。妊娠は月に 1 度のチャンスしかないこと、女性の加齢による妊孕性の問題もあり、治療を中断・延期することは将来子どもが持てなくなるリスクとなります。

　コロナウイルスの流行は、不妊カップルにとってこれまでにあった負担を重くしただけではなく、感染リスクに関する不安や治療を継続するかどうか等の悩みを増しています。妊娠するための治療期間が限られている不妊カップルは、厚生労働省が行った治療費の助成年齢の緩和といった経済的支援はもちろんのこと、相談できる場所や精神的なサポート体制の充実を求めています。

（戸津有美子・国立看護大学校）

新型コロナと学校の現状

● 赤澤宏治（高校教諭）

1960年熊本県熊本市に生まれる。1979年熊本県立済々黌等学校卒業。1983年筑波大学体育専門学群卒業。2017年千葉大学教育学研究科修了。千葉県立千葉工業高等学校学校教諭（保健体育科）、千葉県高等学校保健体育部会委員長。日本思春期学会（理事・性教育委員会副委員長、思春期からのがん教育委員会副委員長）、全国性教育連絡業議会（理事）・ちば思春期研究会（理事）・ちば STI 研究会（世話人）。ライフワーク　「子宮頸がん及び HPV 感染予防教育」。

1 学校における出席停止の法的な根拠

　学校は、児童生徒等が集団生活を営む場であるため、感染症が発生した場合は、感染が拡大しやすく、教育活動に大きな影響を及ぼすこととなる。そのため、学校保健安全法では、感染予防のため、出席停止（第19条）等の措置を講じることとされており、学校保健安全法施行令ではでは、校長が出席停止の指示を行うこと（第6条第1項）、出席停止の期間は省令で定める基準によること（第6条第2項）等が規定されている。これらを受け、学校保健安全法施行規則では、学校において予防すべき感染症の種類を第一種から第三種に分けて規定した上で（第18条）、出席停止の期間の基準（第19条）等を規定している。

　第一種の感染症とは、「感染症の予防と感染症の患者に対する医療に関する法律」（以下、感染症法）の一類感染症と結核を除く二類感染症を規定している。出席停止期間は、「治癒するまで」である。第二種の感染症とは、空気感染又は飛沫感染するもので、児童生徒等の罹患が多く、学校において流行を広げる可能性が高い感染症を規定している。出席停止期間の基準は、感染症ごとに個別に定められている。病状により学校医その他の医師において感染の恐れがないと認めたときは、このかぎりではない。第三種の感染症は、学校教育活動を通じ、学校において流行を広げる可能性がある感染症を規定している。出席停止期間の基準は、病状により学校

医その他の医師において感染の恐れがないと認めるまでとなっている。

　2020年1月28日付の文部科学省からの事務連絡において、新型コロナウイルス感染症を指定感染症として定める等の政令が決定（2月上旬施行予定）。これにより、第一種感染症とみなされ、各学校の校長は、当該感染症にかかった児童生徒等があるときは、治癒するまで出席を停止させることが出来るとなった。臨時休業は、学校の設置者は、感染症の予防上必要があるときは、臨時に、学校の全部又は一部の休業を行うことができる（学校保健安全法第20条）。

　子供の健康と安全を守るためには、地域の実情に応じた対応が必要である。公立学校の休校措置は、本来的に学校の設置者である教育委員会、校長に決定権が与えられている。

　また、文部科学省が各都道府県、市町村の教育委員会に休業を命じる権限はない。それゆえ、各自治体の首長や内閣総理大臣が政治的判断により命じることはできない。

2 全国一斉休校で何が起きたか

　新型コロナウイルス感染者の拡大を受け、2020年2月25日付次文科省事務連絡において、各都道府県及び各学校ごとの休校に関する留意事項について通達を行った。その2日後の2月27日木曜日にニュースで「3月2日より春休みまで臨時休校とする」と報じられ、翌28日安倍総理の会見及び文部科学省より事務連絡が出された。これには、児童生徒・保護者及び教職員も含めて大混乱となる。特に、小学校低学年の保護者の場合、子供が学校に行かず家にいることにより保護者が仕事に行けない、給食が無くなるので3食の準備が必要。学童保育は実施するとのことであるが、感染予防対策はどうするのか等、何も対応策を考えないうちの一斉休校である。

　3月は学校にとって多くの行事がある月であり、高等学校の場合、入試・卒業式・学年末テスト・進級についての成績会議・新年度の準備等で教職員が1年で1番忙しい月でもある。千葉県の場合3月3日は、高校入

試の後期試験日となっていた。中国からの帰国者及び濃厚接触者は申し出ることとして特別に別室を用意、また感染した生徒・自宅待機の生徒のために後日、別日程の試験日も用意していたが、私の学校の場合、申し出はなかった。入試の選考に加えて今後の学校の日程をどうしていくのか、県教育委員会からの連絡を待つしかなく、教育委員会としても文部科学省からの通達を待つしかなかった。入試の判定会議に加え、教育委員会からの連絡が来るたびに、全職員に対して打ち合わせ・会議が重ねられた。何とか卒業式は行うこととなったが、どういう形で行うのか。在校生は参加するのか、しないのか。保護者の参加をどうするのか、職員会議で連日議論を行った。考えられる予防策を取り、在校生及び来賓は出席せず、卒業生・保護者座席の間隔を空け、体育館の扉・窓を全開にして、国歌・校歌は歌わずCDで流す事で実施した。また、在校生（1・2年生）は、3月4日を登校日とし、分散登校で今後の指示、休校中の課題及び荷物を持ち帰らせ、新学期までの課題プリントを配布し、4月6日の始業式までの自宅学習に移行した。学年末テスト及び1・2学期の成績不振者の追試も実施することが出来ない状況で、文部科学省からの通達で生徒の不利になることがないようにとあり、ほぼ無条件に単位を認定することとなり、進級が決定した。

　新年度4月より学校再開の予定であったが、新型コロナウイルスの急激な感染拡大がみられ、予断を許さない状況であることから、千葉県立高校では臨時休業を4月30日まで延長することになった。ただし感染状況等によって、再度の変更や、途中に登校日を設ける可能性があるとした。4月6日分散登校で始業式を行い、今後の連絡は学校のホームページ及びメールにて連絡する。臨時休業中は健康に留意し、極力外出は控えること。休業中の自習課題を配布し自宅自習を行うこととした。翌日、保護者の参加を1名とし4月7日に入学式を実施、新入生も翌日より臨時休業に入った。健康観察カードを利用し、毎朝自宅での検温及び体調チェックを実施し、異常がある場合は担任へ連絡させることとした。また新学年の教科書販売も保留のままであったため、自宅学習に必要であり早い時点で購入させる

　必要があった。生徒宅への送付を行った学校もあったようだが、４月22日から学年ごとに課題提出及び新たな課題を渡しながら担任がクラスの生徒一人ひとりと面談を行い、教科書を購入させて帰宅させることとなった。

　教員の勤務について少し述べておこうと思う。３月及び４月も学校は臨時休業となり、生徒は自宅学習であったが、教員は通常勤務（途中より時差通勤は可）で再開後どのような形で学校が行えるか、感染予防対策をどのように行うのか、もし、生徒あるいは職員に感染者が出た場合にどう対応するのか等の話し合いが行われた。５月も臨時休業となり、教員も交代制での勤務体制となった（私の高校は５交代制、学校により異なる）。

　５月27・28日、６月より分散登校実施について職員会議が行われ、当面の対応について確認した。生徒は出席番号の奇数をＡグループ・偶数をＢグループの２班に分け午前の３時間授業と午後の３時間授業の入れ替えて分散登校で再開することとなった。感染予防対策として、昇降口に職員を配置しマスクの着用及び家での体温測定の確認、入れ替え時及び放課後の教室・トイレの消毒、１時間ごとに階段の手すりの消毒を行う。教卓の前に飛沫防止のビニルシートを設置、手洗い場の固形石鹸から液体泡石鹸に変え、数も増やした。体調不良の生徒のために保健室前と職員玄関にビニルシートで囲い生徒の待機場所を作成した。使用後の消毒等職員の仕事が増加した。新型コロナ感染症対策として学校へ予算の配分があり、手洗い場の蛇口の取手をハンドルに交換を事務長に依頼したが、予算がないとのことでまだそのままである。

　新型コロナウイルスに対する子どもたちの意識について、国立成育医療

研究センターが6〜7月に調査したところ、3割の子が自分や家族が感染した場合に秘密にしたいと感じ、さらに7割が何らかのストレスを抱えていることが分かった。特に高校生で多く、「すぐイライラする」と答えた割合が3割を超えたほか、「最近集中できない」も6割近くに上った。「自分の体を傷つけたり、家族やペットに暴力をふるったりしたことがある」と答えた高校生も1割。

　調査を行った同センターの小児科医は、一斉休校による勉強の遅れや進学・進路への不安、学校行事の減少などに子どもたちが不安や不満を募らせている可能性を指摘する。小学校低学年の自由記述にも「先生が怖い。友達と遊ぶと怒られる」「マスクで先生が誰か分からなくて話も聞こえづらい。質問したくても、近づいてはいけないのかと思い、理解できないままになる」などと学校での息苦しさを訴える声が目についたとある。

　入学式から現在まで一度も登校できない1年生が数名おり、埼玉県教育局は5月下旬〜6月の通常登校再開から7月31日までの間、感染不安を理由に一日も登校できなかった児童生徒が、さいたま市を除く公立小中高校と特別支援学校で232人いたと発表した。さいたま市の市立学校では6月15日から8月17日まで継続して欠席していた児童生徒は42人。県全体で少なくとも計274人が感染不安により一日も登校していなかったとみられている。文部科学省の指針で感染不安による欠席は、合理的な理由があると校長が判断した場合、欠席ではなく出席停止となる。県教育局によると、県内でもほとんどの場合が出席停止扱いにされているとみられるという。

○授業　保健体育
　図1は、校種別に保健の目標と学習の内容の展開を図式化したものである。小学校では、身の回りの出来事を題材にし、健康や安全の価値について、実践を通して学ぶことに主眼がおかれている。中学校では、主として「個人生活」における健康・安全に関する内容を学習する。小学校での「身近な生活」から「個人一般の生活」へと学習対象が広がり、抽象的な思考なども可能になるため健康課題やそのメカニズムを科学的に理解する

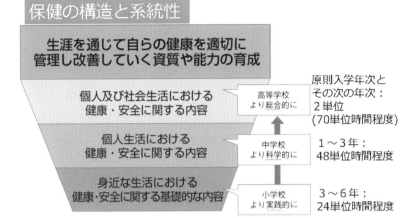

図1　保健の体系イメージ

文部科学省「『生きる力』を育む小学校保健教育の手引き」を基に改変

(http://www.mext.go.jp/a_menu/kenko/hoken/__icsFiles/afieldfile/2013/10/16/1334052_06.pdf)

ことを目標としている。高等学校では、「個人及び社会生活」における健康・安全に関する内容を学習する。自ら考え判断する能力なども身に付きつつあり、社会の一員としての自覚を促すことが重要と言える。そうした特性を踏まえ、科学的に思考・判断することや、健康・安全の背景にある様々な考え方や要因について総合的にとらえることを目標としている。

　現状のように新興感染症が流行した時、感染症の基礎的知識があるのとないのとでは意識や行動が異なってくる。例えば、ウイルスの膜の構造を簡単にでも理解していると、なぜせっけんと流水による手洗いがウイルスに有効なのかを考察できる。手洗いを「ルール」としてのみ知るのではなく、冷静に物事を見て科学的に納得することにつながる。

　今、感染症教育や啓発が予防策最優先になっているのは当然で正しいことだ。現状では、ネガティブな情報が目立ち、基礎的な知識がかすみがちになっている。

　学校は、子どもが自ら生命安全を守るための教育をする責務を負う。感染症教育は、病気を予防し健康な生活を送るための健康教育の一環で、生活習慣病の教育と並ぶ柱だ。健康教育はまた、学校の安全を保つ危機管理

とも両輪をなす。

　感染症教育は、30年ほど前には軽視される傾向があったが、後天性免疫不全症候群（AIDS）、重症急性呼吸器症候群（SARS）、新型インフルエンザなど新興感染症の流行が世界的問題となり、しっかり教える方向に修正された。

　現在は主に中学保健で、ウイルスなどの病原体が様々な病気を引き起こすこと、その多くは「発生源を絶つ」「感染経路を絶つ」「免疫力を高める」ことで防げるという原則を学ぶ。

文科省が作成した、中学3年の保健体育で新型コロナ感染症を扱う授業の資料例

　中学保健の学習指導要領の解説は、具体的に取り上げる感染症として、結核、ノロウイルスによる胃腸炎、麻疹などをあげている。ただ、これは例示なので、新型コロナ感染症を扱ってもよい。

　新しい感染症（新興感染症）は高校で学ぶ想定だが、時代のニーズに沿い、小中でも新型コロナウイルスを積極的に取り上げていい。病原体や疾病によって予防方法が変わると教えることは大事だ。感染症教育では、例えば正しい手洗いの方法といった疾病予防を実践するため、教科の学習だけでなく学級活動や日常の指導を組み合わせる必要がある。校長のもと、日頃から保健体育の教諭、養護教諭、学級担任らが連携し、学校ぐるみで計画的に実施すべきだ。外部の知恵も必要で、特に学校医は世界に冠たる制度で、新興感染症の流行時に医師会などが持つ最新の情報をもたらしてくれるであろう。

　現状、各学校はまず新型コロナウイルスから自分を守り、他者にうつさないための教育や対策を講じている。文部科学省はこの3月から4月、中学で学ぶ「感染症の予防」に新型コロナウイルスを盛り込んだ「指導事例」や、休校明けも想定した同ウイルス予防の小中高校向け指導資料を作成した。それぞれ参考資料も提示しており、教育現場以外でも役に立つだろう。感染症教育では、病原体の性質が予防策に関係するといった基礎知識、確

かな情報源を選択しデマや偽情報に惑わされない能力、偏見によるいじめを許さない態度を養うことも重要だ。これらは今こそ必要な内容でもある。

　高等学校の学習指導要領には、教科保健の健康の保持増進と疾病の予防の項目の中に感染症とその予防があり、そこには次のように書かれている。「感染症は、時代や地域によって自然環境や社会環境の影響を受け、発生や流行に違いが見られることを理解できるようにする。その際、交通網の発達により短時間で広がりやすくなっていること、また、新たな病原体の出現、感染症に対する社会の意識の変化等によって、エイズ、結核などの新興感染症や再興感染症の発生や流行が見られることを理解できるようにする。これらの感染症の予防には、衛生的な環境の整備や検疫、正しい情報の発信、予防接種の普及など社会的な対策とともに、それらを前提とした個人の取組が必要であることを理解できるようにする」。

　私は、高校で教科保健の授業において、単なる知識だけではなく、新たな状況・場面においても役立てられるような授業をしてきた。

　感染症の授業では、感染の基本を学んだあと、既知の感染症・再興感染症・新興感染症について表1のポイントをグループで調べ、発表し全体で共有する。表2を教師が示し確認、また、新興感染症の場合、感染源（病原体）について分からないことが多いため、デマや誤った情報等錯綜する情報の中から正しい情報を選択すること。新たな情報がどんどん出て、今日の情報が明日には間違いということもありうる。常にアップデートすることが必要である。そのことをAIDSが発見された当初の例を挙げ説明を加えている。

　体育の授業において、一斉臨時休業及び春季休業期間において、運動不足となっている児童生徒もいると考えられるため、当面、体育の授業開始時に

表1

一般名称	
病　名	
病原体	
潜伏期	
主な症状	
病原体の多い場所	
感染経路	
予　防	

表2

AIDS				SARS	子宮頸がん	性器クラミジア	エボラ出血熱	デング熱	腸管出血性大腸菌	はしか
Acquired Immune Deficiency Syndrome（エイズ＝「エイズ」後天性免疫不全症候群）			病名	Severe Acute Respiratory Syndrome（略サーズ）では「重症急性呼吸器症候群」	子宮頸がん	クラミジア感染症	エボラ出血熱	デング熱	腸管出血性大腸菌感染症	麻疹
（HIV＝ヒト免疫不全ウィルス）			病原体	SARSコロナウイルス	ヒトパピローマウイルス（HPV）	クラミジアトラコマティス	エボラウイルス	デングウイルス	腸管出血性大腸菌（O157が最も多い、他O26、O111）1日1回の流行性がある	麻疹ウイルス
（1ヶ月〜2）			潜伏期		5〜10年以上	1週間〜1ヶ月	12日前後	2〜15日（多くは3〜7日）	2〜5日	7〜14日
			主な症状	38℃以上の発熱、咳、倦怠感、呼吸困難			発熱、頭痛	高熱、頭痛、発疹	激しい腹痛、水様便、血便	高熱、咳、鼻水、発疹
			感染経路	飛沫感染、接触感染			接触感染、飛沫感染	蚊媒介	経口感染	飛沫感染、接触感染
			予防		1次予防 ワクチン接種 2次予防 子宮頸がんの定期検診（20歳以上）					

は準備運動を十分に行うよう留意すること。授業の実施に際しては、個人や少人数で密集せず距離を取って行うことができる運動を行うなどの工夫が必要となった。児童生徒が密集する運動や児童生徒が近距離で組み合ったり接触したりする場面が多い運動については、地域の感染状況等を踏まえ、安全な実施が困難である場合、例えば、新年度当初に実施するのではなく、年間指導計画の中で指導の順序を入れ替え、身体接触が起こる種目を制限した。

　また、可能な限り授業を屋外で実施したり、児童生徒が集合・整列する場面を避けるなどの工夫をするとともに、用具を使用する前に消毒したり、授業の前後に手洗いを徹底するなど、感染拡大防止のための防護措置等を取りながら実施した。中国ではマスク着用での体育における死亡事故もあり（N95マスク着用）、生徒は着用しないことに、一方教師は着用して行うこととなった。

クラブ部活動

　3月の一斉休業から部活動は禁止となり、自宅での最低限のメニューを与えての自主練習となった。6月分散登校での授業となったが、部活動として活動許可が下りたのは7月からであった。当初は、校内活動で三密にならないように部室の使用も注意し、消毒も適宜行い部活動の開始となった。7月20日から、他校との合同練習・練習試合を行えるようになった。今年は、例年4月より開始される県大会・関東大会・インターハイ等軒並み中止となり、3年生は練習も大会も出来ずに現役引退となってしまった

生徒も多い。８月後半より高体連の各専門部、競技種目の競技団体が３年生も出場出来るように既存の大会を変更したり、新たな大会をつくり実施した。

　水泳競技は、８月22・23日千葉県国際総合水泳場にて千葉県高等学校水泳競技大会を実施した。高校生が出場する今年初めての大会であり、感染予防対策も考えてあった。

①健康チェックシートの提出（健康状態・当日の体温チェック・保護者の同意）。
②入口での検温。
③アルコールにて手指の消毒。
④ビニールで二酸化塩素のトンネルを作成。
⑤ADカードを作成し、関係者以外入場できないように（最低限の人数）。
⑥保護者の観覧禁止。
⑦仮設階段設置（観客席とプールサイドへの移動を一方通行に）。
⑧毎回招集所の椅子等の消毒。

　大きな課題もある。保健体育の教諭と養護教諭以外の教員は、養成課程で学校保健を学ばないので知識が不十分なこと、学校現場での情報共有も乏しいことだ。

3 新型コロナで見えてきたこと

　コロナウイルスは一般的なウイルスであるが、その一部が SARS、MARS を引き起こした。どちらも、日本では感染者が出なかった。新型インフルエンザが流行した時、空港等での検疫で体温チェックを行っていた。船での移動ならともかく、現代は1日で地球の裏側まで行ける時代である。入国者が、本国や飛行機で感染したとしても、発症前に検疫を通過してしまい、国内に感染者を生み出してしまうことは誰でもわかることである。新型コロナ感染症も国内での感染者は、時間の問題だと思っていた。ダイヤモンドプリンセス号、春節による旅行者が多数日本を訪れ、インバウンドの為に入国制限を出せずにいた。

　国内感染者の増加に合わせて、消毒用アルコール、マスク、トイレットペーパー、ペーパータオル等の品切れが起こってきた。マスク不足で「不織布の原料だ」というデマからペーパーの買い占めが起こった。オイルショック以来のトイレットペーパー不足で、大変困った。

　感染を予防するために「3つの密（密閉・密集・密接）」の回避を主に言われてきた。飛沫感染の対策としては間違ってはいないと思うが、接触感染に対する意識喚起がおろそかな気がしてならない。感染者の飛沫が落ちていて、それを触り、手掴みで物を食べたり、目を擦ってしまい感染のリスクが生じる。石鹸での手洗いにしても、水を出すときに蛇口の取手が汚染され、綺麗に洗ったとしても水を止めるときに手についてしまう。石鹸で取手も洗う必要がある。学校もレバー式に交換して欲しいものだ。

　マスクは人に感染させない為に大変有効であるとされ、自分への感染予防効果はあまりないとされていた。しかし、今度の新型コロナウイルス感染症について、研究が進むにつれ、不顕性感染があり、症状が出ない感染者がいる事が分かってきた。自分が感染しているかもしれないという意識が大切であり、感染から相手も自分も守る立場から皆のマスク着用が重要となってくる。そんな中のマスク不足であった。総理が1世帯2枚、学校にも生徒分1枚を配布すると会見で述べ、現物が学校に届いたのは5月に

半ばであり、ビニールには入っていたが封はされておらず、約1割は異物が混入、あるいは汚れがあった。高校生には小さ過ぎる大きさであった。なぜあの大きさなのか今も疑問である。マスクで気になることは、着脱時の扱い方において生徒はどうしても表面を触ってしまうので、着脱の仕方・置き方（体育・食事の時）等を指導の必要を感じている。

　新型コロナは、これから出現するであろう新たな感染症（新興感染症）に備える教訓となるであろう。

新型コロナにおける大学事情

● 渡邊　香（国立看護大学校准教授）

秋田大学大学院医学系研究科修士課程修了後、同博士課程修了（医学博士）。助産師として臨床経験
後に、日本赤十字秋田看護大学助教、日本助産師会事務局長、国立看護大学校講師を経て、国立看護
大学校准教授（現職）。専門は、社会医学、公衆衛生学、助産学、思春期学。

新型コロナウイルス感染症は、大学等（短期大学を含む。以下、大学とする）にも大きな影響を与えました。最も大きな影響は「通学ができないこと」です。大学内に入ることができず、実験や実習を行うこともままない状況が続きました。

ここでは、新型コロナウイルス感染症の影響により、2020年9月時点までの大学と大学生の生活がどのように変化したのかをお伝えし、今後についても考えます。なお、記載内容は著者の所属を含む特定の大学の情報ではないことを申し添えます。

1 大学生が長期間通学できない理由

保育所から高校までの各施設は、徐々に登校が再開されました。新しい授業形態が模索される中、友だちや先生と顔を合わせて話ができることを喜んでいる子どもたちが多いことでしょう。

また、子どもの登校が再開することで、保護者の負担もいく分減っているようです。在宅中の子どもの世話をする人手の確保が要らない、子どもの昼食の準備をしなくてよい、テレワークがはかどる、一人の時間ができる等の理由から、新型コロナウイルスの感染拡大を恐れはするものの、登校再開を歓迎する保護者は少なくなかったと思います。

しかし、保育所から高校までが再開し、さらには政府主導の「GO TO トラベル」キャンペーン等が始まって旅行に行く人までもが増える中、大

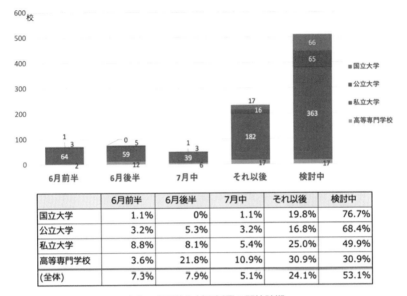

	6月前半	6月後半	7月中	それ以後	検討中
国立大学	1.1%	0%	1.1%	19.8%	76.7%
公立大学	3.2%	5.3%	3.2%	16.8%	68.4%
私立大学	8.8%	8.1%	5.4%	25.0%	49.9%
高等専門学校	3.6%	21.8%	10.9%	30.9%	30.9%
(全体)	7.3%	7.9%	5.1%	24.1%	53.1%

表1　全面的な対面授業の開始時期

出典：文部科学省「新型コロナウイルス感染症の状況を踏まえた大学等の授業の実施状況（2020年6月1日時点）」

学生だけは通学できない状況が長く続きました。文部科学省の調査によると、2020年6月の時点で、全国の約6割の大学がすべての講義を遠隔で行っていると回答し、表1のように、全面的な対面講義の開始には慎重な意見であることがわかりました。

　大学側が対面（集合）講義を長期間開始しなかった理由としては、下記の3点が挙げられます。

①大学は一学部、一学科、一学年あたり、あるいは一講義あたりの人数が多く、講義は多くの人が一か所に集まる機会となる。また、小中高と比較して、一日の中での講義室移動の機会と人数が多い。これらにより、感染拡大のリスクが高まる。

②若年層は、新型コロナウイルスに感染しても重症化しにくく、無症状のまま経過する例も多いと言われている。大学生は通学、アルバイト、サークル活動など活動範囲が広く、感染した場合に自覚がないまま拡大に関与するリスクがある。

③小中高に比較してオンライン授業を行う環境（スキルや設備）が整っている。

　また、小中高校生および会社員であれば、感染してもクラスターが発生しない限り所属名は明らかにされませんが、大学生が感染した場合、その感染規模やルートにかかわらず大学名が報じられる状況が続きました。国内の感染が広がり始めた3月にクラスターが発生した京都府内の大学に対して激しい批判と差別が起こるなど、社会問題にもなりました。このようなメディア報道の様相も、大学が他の教育課程よりも長い期間慎重にならざるを得ない一因かもしれません。

② 変わった学生の生活状況

　新型コロナウイルスの感染拡大にともない、全国の大学が次々にオンライン講義を導入していきました。入学式や卒業式もとりやめとなり、9月時点で、入学後一度も大学構内に立ち入ったことのない一年生もいます。各大学の対応はほぼ一貫しており、「通常講義はオンラインで行う。課題はオンラインでのレポートの提出など。可能な限り大学に集合しない。」というものです。

　大学生たちは日々黙々とパソコンに向かってオンライン講義を受講し、レポートを提出することを繰り返しました。人によっては毎日10時間以上を課題に費やしているといいます。演習系の科目も多くがオンラインでの受講か課題の提出に切り替わり、講義も課題も自室で完結するようになりました。実験、演習、実習ができないことや学内施設を利用できないことに対する不満の声も上がっており、授業料の減免を要求する動きも一部で見られます。

　また、新型コロナウイルスの感染拡大を受けてアルバイト先が休業あるいは閉鎖し、無期限待機や解雇となった学生も大勢います。居酒屋や学習塾など、大学生のアルバイト先となっていた業種の多くが新型コロナウイルスにより経営に大打撃を受けました。営業自体ができない状態ではアル

バイトを雇えるはずもありません。こうした状況に直面している大学生たちは、海外でもロックダウン世代と称され、今後の就職などにも影響が及びかねない事態となっています。

　自宅での講義や課題、アルバイトの消滅、人間関係を形成する機会の消失、経済的困窮など、精神的にも経済的にも追い詰められた大学生に対して、何らかの対策を講じていく必要があるでしょう。

　大学側の事情もあります。大学側として最も重大な課題は、自らの大学から感染者が出ないように配慮することです。

　厚生労働省のデータによると、2020年9月11日現在の新型コロナウイルス感染症による死亡者数は累計1422名。重傷者数は190名。検査陽性者数は7万4242名。そして年齢別陽性者数では20代が2万587名と、他の年代と比較して突出しており、全体の感染者数の36％を占めています。このデータからも、大学が学生を集合させて対面での講義を再開しにくい状況が伺い知れます。

　大学という大規模クラスターが発生しやすい環境や、大学という組織の社会的使命や影響力を考えても、全面的な通学再開は慎重に検討されるべきでしょう。9月時点では、実験、演習や実習から随時対面に切り替えている大学が多い状況ですが、100人を超えるような大規模の講義を「三密（密閉、密集、密接）」を避けて対面で行うことはやはり難しいようです。

3 オンライン講義の課題と可能性

オンライン講義の現実

　今年度が始まってから、大学の多くの講義が非集合・非対面化されましたが、その方法は下記のようにバリエーションに富み、内容もかなり差が大きいようです。

・Web会議ツールを用いて、オンラインでリアルタイムに講義を行うもの。
・授業の様子を動画で配信し、動画の閲覧とレポート提出で単位とするもの。
・授業はなく、資料がデータで配布され、その資料を各自読み込んでレ

ポート提出とするもの。

・授業がほとんどなく、おもに課題をこなすもの。

・テキストや資料を読む指示だけをされるもの。

　大学で働く教授陣（以下、教員とする）には、インターネットの普及前後の世代が混在し、その IT リテラシーの差も当然大きく、動画配信やオンライン講義にスムーズに対応できない教員もいるのが現状です。学生側は幼い頃から PC やスマホのある環境で育った世代であり、IT オンチのような人はごく少数です。このギャップから、学生にはオンライン講義開始に対する教員側の苦悩が想像できず、大学の講義に対する期待とも相まって、スムーズにオンライン対応できない講義に学生から不満の声が集まるといった問題が起きています。

　一方で、ZOOM、Microsoft Teams、Cisco Webex Meetings、Google Meet などの Web 会議ツールを使いこなし、対面と変わらない効果的な講義を行う教員もいます。講義中に学生からの質問をコメントで閲覧し、その場で回答することもできます。講義中に声を出して質問できないシャイな学生でもコメントなら質問しやすく、普段以上に理解が進む授業となっているようです。

　また、大人数の講義内で一定時間のみ小グループに分かれてディスカッションやグループワークを行う機能、参加者全員で一つのファイルを共有して同時に書き込む機能等、オンラインならではの便利な機能を利用することもできます。

オンライン講義の大きな課題

　課題は 2 点です。第一に、教える側の IT リテラシーの差が大きいこと。第二に、学生側の通信環境に差があることです。教える側の Web 会議ツールへの親和性が低く、また大学側からのオンライン講義運営方針もない場合、講義は低品質になり、学生の習得低下につながります。Web 会議ツールを使いこなせない場合、講義を行わない代わりに課題を多く課し、学生の理解度を高めようとする試みもあるようですが、基本的な知識が備

わっていない状態で課題を作成することは、学生にとって極めて過酷な作業となっています。教員が想定した時間内での完了は難しく、1日10時間以上を課題に充てる学生もいるほどです。しかも、その状況を大学側が知るまでには時間がかかり、課題をこなすことに学生は疲弊しています。また、すべての業務がオンライン化されることで教員の業務が煩雑化し、学生からの質問や意見への対応が遅れがちになることもあるようです。

　学生側の通信環境の整備も重要課題です。パソコンのない学生や、通信が安定しない学生に配慮することで、授業の幅が狭められてしまいます。十分な通信環境を確保できない学生に配慮し、全員が同時刻に同時にログインしなければならないリアルタイム配信のオンライン講義を廃止し、あらかじめ撮影しておいた動画を閲覧しながらレジュメを読み込んでレポートを作成する形式の講義に移行する大学もあります。

　通信環境が学生により異なるため、学生と教員の相互の対話を促すことも難しい場合があります。教員が一方的に話す内容を聞いて理解するだけでは困難な科目もあるため、重大な問題です。通信環境を整えられないまま自粛生活に突入した学生も少なくありません。そもそも通信機器や通信環境を揃えるのにも安価でない費用がかかります。自宅通学以外の学生には、経済的にも非常に重くのしかかる問題です。

　新型コロナウイルスの感染拡大によるオンライン講義の導入は、学生にとっても教員にとってもかなり唐突なものでした。そのため、教える側も教えられる側も、準備が整わないまま手探りでオンライン講義を開始したことが、双方の不一致や不満を産む原因となっています。

今後のオンライン講義の可能性
　オンライン講義の継続的運用には、現在のメリットを最大限に生かした形でデメリットをカバーすることが理想的です。オンライン講義のメリットは下記に挙げる通りで、メリットを生かせば大変効率的な取り組みであるとも言えます。
①大学内での三密を回避できる。

②自宅で授業が受けられる。

③メッセージ機能等で簡単に質問できる。

④動画や資料配信の場合、何度も聞き返し、見返しをすることができる。

⑤通学の時間が不要で、公共交通機関の利用を避けることができる。

⑥講師と受講者が離れた距離にいても、講義を行うことが可能である。

　一方でデメリットは、学生のメンタルや身体の不調、学内施設が利用できないことに由来する問題が挙げられます。

① Web 会議ツールを使いこなせない場合の講義の質の低下等、不均衡が生じる。

②教員に直接質問ができず、理解が不十分な場合のフォロー方法が少ない。

③対面や集合が必須となる科目の進行や理解が阻害される。

④図書館、実験室、実習室等の学内施設が利用できない。

⑤友人や教員に直接会えず、孤独感や不安を感じる。

⑥長時間の PC 使用で眼精疲労や肩こり、頭痛等の身体の不調をきたす。

　講義の質の低下は、大学ごとに運用方針を定める、配信方法を教授陣に伝える研修を定期的に実施するなどの取り組みを行うことで解消される可能性があります。フォローに関しても同様に、講義のアフターフォローの仕方をマニュアル化するなどの対策をとることができるでしょう。

　学内設備が利用できないという問題も、徐々に対策がなされています。９月現在、人数制限や時間制限を行い、利用者に偏りが出ないように利用できるよう工夫している大学が多くみられます。対面や集合が必須となる実験や演習科目は、地域や学部によって差がある段階ですが、当分の間、少人数の交代制で行う体制が定着しそうです。一部なりとも大学設備が利用可能となり、対面講義が実施されれば、学生のメンタル面も次第に安定していくと考えられます。

　これらを考え合わせると、新型コロナウイルスに対する安全性が確立されないうちは、多数の学生が受講する講義にはオンラインが適していると言えます。通学距離の長い学生は、自宅でオンライン講義を受けることで肉体的にも時間的にも余裕が生まれるでしょう。一方で専門的で高度な科

目や、実験や演習が必須の科目では、小グループに分かれてでも大学キャンパスでの対面講義が望ましいと言えます。オンライン講義は必ずしも対面講義の代替ではなく、今後対面講義と並行して行われることで、学生の満足度向上と大学内の人数抑制などの効果が期待できます。

　また、オンライン講義は、講義を行う人と講義を受ける人が、それぞれどこにいても実施が可能です。このメリットを最大限生かせば、国内外にかかわらず遠方にいる講師の講義を、学生は自宅にいながらにして受講することができます。大学のグローバル化が求められる現代において、日本への通信制限のある国を除けば、海外講師の講義をセッティングするハードルも大きく下がり、これまで、時間と予算（旅費）に阻まれて実現しなかった遠方の講師による講義が実現する時がきたとも言えます。

4 大学に通えない大学生の不安と孤独

新入生の孤独

　新型コロナウイルス感染が初めて発生した2020年の新入生は、友人を作る機会も少なく、学内に足を運ぶこともできずに、自宅や一人暮らしのアパート等で孤独を感じています。全国的に入学式も自粛となったため、一度も大学の構内に足を踏み入れぬまま半年以上経過した学生もいます。サークル活動の勧誘もないため、大学とのつながりはオンライン講義のみという学生も少なくありません。

　上半期は新型コロナウイルス感染拡大防止のために休業や業務縮小をした業種も多かったため、新しくアルバイトを探すことも容易ではありませんでした。自宅以外から通学する学生は特に、外界との接触が一切絶たれた状態に置かれました。外出はオンライン講義のない時間帯に近くのコンビニにお弁当を買いに行くだけで人との接点が一切ない、という学生も珍しくありませんでした。

　新しい生活の中で、アルバイト収入も確保できないのにオンライン環境を整備しなければならず、保護者の金銭的負担を増やしてしまうことに負

い目を感じている学生も多いようです。

４年生の不安

　卒業間近の学生はさらに深刻な状況です。近年、「売り手市場」とされてきた新卒採用ですが、一転して「買い手市場」となっていることは言うまでもありません。新型コロナウイルス感染症の影響で、新卒採用に遅れがみられます。就職情報会社マイナビの調査によると、９月時点で2021年３月卒予定の大学生の採用計画が全く決まっていない企業は36％を超えています。新型コロナウイルス感染症の影響により事業縮小に至った企業も多数あるため、今後の新卒採用への影響も避けられないでしょう。

　また、各企業とも新型コロナウイルス感染症対策を講じており、マイナビのアンケートによると、３月卒予定の大学生の２人に１人が Web 選考のみで内定を得ています。Web での選考が一般化してきたために、パソコンやネット回線等の通信環境が整備されていない学生は選考に参加すらできない状況に追い込まれています。通信格差が就職格差にもつながっているのです。

5 大学生と保護者の経済事情

アルバイト先の廃業

　新型コロナウイルスの感染拡大にともない、緊急事態宣言が発令され、外出自粛が求められるようになったため、学生の主なアルバイト先である飲食店は軒並み休業や廃業に追い込まれました。テイクアウトに切り替える飲食店もありましたが、売上は以前ほどまでには回復せず、アルバイト労働者の雇用を継続できない状態に追い込まれました。このような状態でアルバイト収入を確保することは難しく、特に下宿学生は、生活費を切り詰めるか保護者に仕送り増を求めるかの二択を迫られています。

1ヶ月の生活費＜下宿生＞　　　　　　　　　　　　　　　　　　　　　　　　　　（円）

	10年	11年	12年	13年	14年	15年	16年	17年	18年	19年	19年前年増減
仕送り	71,310	69,780	69,610	72,280	70,140	71,440	70,610	72,980	71,500	72,810	+1,310
奨学金	26,740	25,350	25,380	24,050	24,210	23,270	21,260	20,190	20,530	20,900	+370
アルバイト	21,900	21,540	23,100	23,100	25,560	25,320	27,120	28,770	31,670	33,600	+1,930
定職	430	180	500	410	210	230	30	130	470	370	−100
その他	2,230	2,040	2,050	1,650	2,060	2,320	1,800	1,820	3,110	2,180	−930
収入合計	122,610	118,900	120,640	121,500	122,170	122,580	120,820	123,890	127,280	129,860	+2,580
食費	23,510	22,590	22,900	23,980	24,480	24,760	24,770	25,190	26,230	26,390	+160
住居費	54,640	53,020	53,420	53,050	52,630	53,100	51,990	52,820	52,560	53,930	+1,370
交通費	3,250	3,150	3,260	3,310	3,410	3,320	3,280	3,330	4,230	4,070	−160
教養娯楽費	8,260	8,460	8,200	8,900	8,600	9,240	8,800	9,830	11,520	12,870	+1,350
書籍費	2,250	2,070	2,030	1,820	1,950	1,720	1,590	1,510	1,710	1,860	+150
勉学費	1,520	1,540	1,570	1,510	1,520	1,490	1,360	1,380	1,830	1,900	+70
日常費	6,500	6,610	6,640	5,790	5,540	5,540	5,810	6,070	7,260	7,620	+360
電話代	4,830	4,720	4,620	4,390	4,030	4,100	3,510	3,800	3,710	3,550	−160
その他	2,550	2,310	2,220	3,040	2,420	2,430	3,220	3,010	3,310	3,430	+120
貯金・繰越	10,460	10,290	10,710	12,140	12,310	12,500	13,270	13,820	13,740	13,470	−270
支出合計	117,770	114,760	115,570	117,930	116,960	118,200	117,610	120,750	126,100	129,090	+2,990

表2　下宿生の生活費

出典：全国大学生活協同組合連合会「2019年下宿生の生活費」

保護者の収入減

　保護者の収入もやはり厳しい状況です。日本経済団体連合会が6月付で発表したデータによると、夏の賞与は製造業でおよそマイナス5％、非製造業でおよそマイナス10％との結果となりました。その後さらに経済が冷え込み、毎月の給与がマイナスとなる企業もみられるようになりました。

　収入が減少する中で、大学生への仕送り額を増やせるものでしょうか。全国大学生活協同組合連合会が2019年末に行った調査の結果によると、下宿学生の保護者からの仕送り額の平均は約7万円で、不足分はアルバイトで補う学生がほとんどです（表2）。保護者の収入が減る中でさらに仕送り額を増やすとすれば、家庭にとってかなり重い負担となるでしょう。

自主退学を選択する学生

　レポート漬けの生活へのストレス、友人と会えない寂しさ、深刻な経済事情、将来への不安などから、すでに自主退学や休学を検討している学生もいます。大学生として明るい未来を思い描いてきた学生ほど、外出自粛とオンライン講義は精神的にこたえるものでしょう。今まで一生懸命勉強して入学を勝ち取ってきた過去を考えると、とてももったいないことです。

しかし各種の自粛は、当分の間、ほとんどの大学で続く見通しです。すでに心身の失調や経済的な破綻を来たしているなら、退学や休学も一つの選択肢となるのかもしれません。

大学と政府による救済策

　学生と保護者の経済事情悪化を受け、各大学及び政府による救済案が打ち出されました。9月時点では、国立大学82校のうち80校が、来春の入学試験における一般選抜の個別試験で、感染などを理由に欠席した受験生のために追試験などの救済策を設ける予定です。そのほか国立大学を中心に授業料の減免措置を講じており、今後も救済策を発表する大学が増えると思われます。

　政府も動き出し、文科省は新型コロナウイルスの影響で学費等の支援が必要になった学生に向けて、「学生支援緊急給付金」を実施しました。保護者の所得によって最高20万円まで給付を受けられる制度で、従来の給付金や貸付金よりも早く現金が手元に届くよう制度設計されました。20万円で苦境を乗り越えられるわけではありませんが、現状の生活費を確保し、アルバイト収入を見込めるようになるまでのつなぎになるでしょう。

6 新しい大学のあり方

通学とオンライン講義の両立

　今後大学では、三密を回避しつつ必要な講義は対面で行うといった、通学とオンライン講義のハイブリッド化が求められるでしょう。ハイブリッド化の実現には、ネット環境の整備やオンライン講義マニュアルの作成など、取り組むべき課題は山積みです。

　しかし逆に捉えるなら、新しい時代が急にやってきたということにほかなりません。各大学とも、新しい世界の波に乗り遅れないよう自助努力が必要となるでしょう。また、多様な講義スタイルを展開できることは、今後大学の価値の一つとなっていくかもしれません。

今後の大学としての機能

　オンライン講義は自宅で受講可能です。図書館で調べ物をする必要もあるでしょうが、最近はオンライン・ジャーナルや電子書籍も増加してきましたし、今後はさらに増えると思われます。大学内の講義室に集まることが必須でないのなら、大学とは一体どうあるべきなのでしょうか。

　もちろん、対面や集合が必要な実験や演習などを行う場でもあるでしょう。施設を利用することで学びが深まることも当然あります。ただし、一部の講義が今後オンライン化されるなら、それは大学が高等教育機関として見直されるべき時期が迫っていることを意味しているのかもしれません。

新型コロナパンデミックの
メンタルヘルスへの影響と課題

● 本橋　豊（秋田大学名誉教授、国立精神・神経医療研究センター）

● 木津喜雅（東京医科歯科大学）

● 藤田幸司（東京都健康長寿医療研究センター研究所）

1 新型コロナのメンタルヘルスと自殺者数への影響

　2019年11月に中国武漢市で最初の報告例が認められた新型コロナウイルス感染症は、2020年に入って世界的な感染拡大を引き起こし、2020年3月11日には世界保健機関（WHO）がパンデミックを正式に表明するに至りました。

　同時に、新型コロナウイルス感染症の引き起こすメンタルヘルスへの影響も懸念されるようになり、WHOは2020年3月18日に、「Mental health and psychosocial considerations during the COVID-19 outbreak」と題する文書を公表しました。また、新型コロナウイルス感染症パンデミックに伴う経済状況や雇用環境の悪化がメンタルヘルスの悪化を介して自殺率の増加をもたらすのではないかという懸念も報告されています。

　ところが、新型コロナウイルス感染症パンデミック時の2020年4〜6月に、日本では完全失業率が増加したにもかかわらず自殺者数が減少しました。この自殺者数の減少は、失業率が増加すると自殺率も増加するという常識的見解と異なるため、その理由は何かという疑問が聞かれるようになりました。

　本稿ではまず、この疑問に対して一つの仮説を示したいと思います。ちなみに、7〜8月になると自殺者数は増加傾向を示すようになりました。このように、新型コロナウイルス感染症パンデミックの自殺者数の変動への影響は一律ではなく、その背景要因については慎重に考察する必要があ

ります。

2 2020年4〜5月の月別自殺者数減少とその背景要因について

　日本の新型コロナウイルス感染症への対策は、2020年1 〜 2月にかけての豪華客船ダイヤモンドプリンセス号をめぐる、いわゆる「水際作戦」で注目されました。その後、中国の春節休暇にともなう中国人旅行者の入国制限が見送られる中で、北海道において流行の兆しが認められたことから、北海道知事は2月28日に緊急事態宣言を出しました。

　2020年3月2日から、学校の全国一斉休校措置が始まり、新型コロナウイルス感染症の脅威が国民に身近なものと感じられるようになったと推察されます。3月11日には、対応の遅れについて批判を受けていた WHOがパンデミックを宣言しました。

　このように、3月に入って、新型コロナウイルス感染症に対する国民の認識は、「他人事」のような社会問題から自らが感染リスクにさらされ生命が脅かされる可能性があるという「わが事」の問題へと、質的に転化したと考えられます。

　図1は2020年2 〜 5月の月別自殺者数の推移と、Google Trends での「コロナ」という単語の検索数の日別推移を示したものです（コロナ検索数は社会的不安を反映する変数。その意義については後述）。さらに、2〜 4月の主要な社会的イベントを図中に記載しています。

　月別自殺者数は前月比で3月は増加、4月は減少、5月は漸増という傾向を示しました。4月と5月は対前年比で見ると大きく減少しました（図2）。3月11日に新型コロナウイルス感染症のパンデミックが WHO により宣言され、日本国内での感染者数も増加したことから、日本国内では新型コロナウイルス感染症への警戒感が強まり、雇用や経済面での悪影響も出始めてきました。

　それゆえ、4月の自殺者数は増加するのではないかと懸念されましたが、実際には4月の自殺者数は対前年同月比で大きく減少しました。この減少

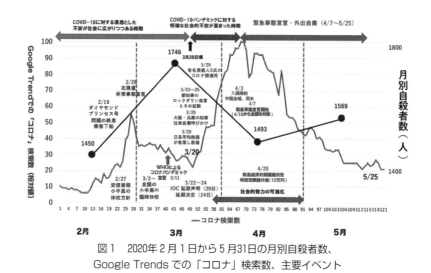

図1　2020年2月1日から5月31日の月別自殺者数、
Google Trends での「コロナ」検索数、主要イベント

についてメディア等では明確な説明は示されませんでしたが、この自殺者
数の減少は「大震災や大災害の直後に自殺率は減少する」という過去の国
内外の研究結果から当然に予想されたものでした。

　生命の危機をともなうような社会的不安が高まる時期に自殺率が減少す
るという現象は、阪神・淡路大震災や東日本大震災の直後に自殺率の減少
が認められたという報告によって知られています。阪神・淡路大震災後の
神戸市の自殺率は発災後2年間にわたって減少し、東日本大震災後の被災
3県の自殺率も減少しました。死の危険が身近に迫る大地震や大災害時に
おいては、死への恐怖や生活不安等の社会的不安の高まりが自殺関連行動
に抑制的に作用すると考えられるのです。新型コロナウイルス感染症パン
デミック時（2020年4 〜 6月）に、完全失業率等の経済指標の悪化にも
かかわらず自殺者数が減少したのも、3月下旬以降の社会的不安の高まり
が寄与したのではないかと推測されます。

　図1に示すように、Google Trends による「コロナ」検索数は、3月
20日過ぎから急速に増加し、4月11日頃にピークを迎えています。新型コ
ロナウイルス感染者数の増加に対して、大阪と兵庫の知事は3月20日の連
休前に往来自粛を、東京都知事は3月25日に感染防止のための外出自粛を

マスメディアを通じて呼びかけました。3月23〜25日に東京都知事による「ロックダウン」発言がメディアを通じて拡散したことや、3月29日の有名芸能人のコロナ関連死報道なども社会的不安の増大に寄与したものと推測されます。「コロナ」検索数はこのような社会的不安の増大と一致しており、新型コロナウイルス感染症流行による社会的不安を反映する代理変数（proxy variable）と考えられます。

　5月に入ると、自殺者数は対前年同月比では減少しましたが、4月と比べて漸増傾向を示しました。この漸増傾向の背景には、緊急事態宣言の長期化にともなう外出自粛と社会接触制限が人々の精神的健康にストレス要因として作用したことがあるのではないかと推測されます。

3 2020年7〜8月の月別自殺者数の増加について

　図2に2020年1月から8月の月別自殺者数の時系列データを示しました。7月、8月と自殺者数は増加傾向となりました。7月の増加については、7月19日に自死した有名男性俳優の自殺報道の影響が一部寄与している可能性が考えられます。これに対して8月の自殺者数増加（対前年同月比で251人）は女性の増加が多く、対前年同月比で女性の増加は187人でした（男性の増加数は64人）（2020年9月18日現在の暫定値）。自殺者数の増加傾向は7月初旬より始まっていると考えられ、背景的要因として新型コロナウイルス感染症の拡大にともなう雇用環境の悪化による就業者減少が自殺者数増加に関連している可能性が考えられます。

　図3に、2020年10月2日に公表された総務省の労働力調査における雇用形態別雇用者数のデータを示しました。正規と非正規の雇用者数の増減を比較してみると、非正規の職員・従業員は3月から雇用者数の減少が認められ、8月のデータでは対前年同月比で120万人の雇用者数の減少でした（女性84万人、男性36万人）。このデータからわかることは、新型コロナウイルス感染症の拡大による非正規雇用の職員・従業員の雇用調整は3月から明らかになり、6月以降は100万人以上の就業者数の減少が認められ、

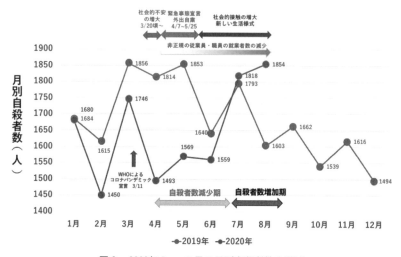

図2　2020年1～8月の月別自殺者数の増減
4～6月には自殺者数は減少し、7～8月には自殺者数は増加しました。

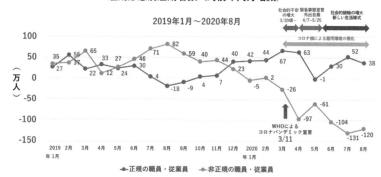

総務省：労働力調査（2020年10月2日）

図3　2019年1月から2020年8月までの雇用形態別雇用者数の時系列データ（対前年同月増減）
新型コロナウイルス感染症の流行下で非正規の職員・従業員数は大きく減少しましたが、
正規の職員・従業員数は減少しませんでした。

そのうち70％は女性の就業者数の減少だった、ということです。

　メディア報道等では8月の女性の自殺者数増加が問題とされましたが、新型コロナウイルス感染症の拡大にともなう女性の雇用環境の悪化は3月

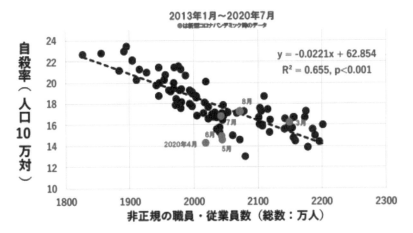

図4　非正規の職員・従業員数と自殺率の相関

両者には統計学的に有意な強い相関が認められ、非正規就業者数が100万人減少すると

自殺率は2.21増加するという関係が認められました。

から始まっています。そして、この女性の雇用環境の悪化は、国際通貨基金の指摘する新型コロナウイルス感染症パンデミック下における男女格差の視点で女性の自殺問題を考える必要性を示唆しているものと考えられます。

　ところで、図4に示すように、非正規の職員・従業員数と人口10万人対自殺率は強い相関を示し、「非正規就業者数が100万人減少すると自殺率は2.21増加する」という関係が認められました。また、非正規雇用就業者の減少以外にも背景要因として考慮した方が良いと思われる雇用環境要因は、完全失業率、有効求人倍率、休業者数、賃金等、多数認められます。

　自殺の保護要因として機能する可能性のある政策の有効性についても検証することが必要です。雇用保険基本手当受給件数、緊急小口資金申請件数、総合支援資金申請件数、生活保護受給申請件数、などです。このような自殺のリスク要因と保護要因の多様なバランスが乱されることが、新型コロナウイルス感染症流行下における自殺者数の増減に関連していると推測されます。

4 新型コロナウイルス感染症流行下の支援策について

SNS による相談支援

　コロナ禍における人々のメンタルヘルスに対する支援として、まず重要なのが相談支援の拡充や周知の強化です。

　様々な悩みを抱える人に対し、国や自治体、民間団体が相談窓口を設けていますが、これまでは対面や電話によるものが主流でした。しかし、インターネットやスマートフォンが普及した現在では、特に若者は対面や電話よりも SNS（ソーシャル・ネットワーキング・サービス）等のチャットやテキストによる相談の方が利用しやすいということもあり、厚生労働省も自治体や民間団体の SNS 相談を積極的に支援しています。

　新型コロナウイルス感染症の影響が拡大し、従来の対面相談が困難となる中で、相談員が事務所に勤務して相談を受ける電話相談においても、相談員間の感染を防ぐことが課題となりました。過密を避けるために、相談員を減らさざるを得なくなった支援団体もあり、平時でも人員不足である中で、ますます相談対応が不足する状態がみられました。一方で、チャットなどテキストでやりとりを行う SNS による相談・支援は、相談者と相談員の対面の必要がない非対面型の相談事業であることから、コロナ禍においてもウイルス感染のリスクを回避することができて有効であると考えられます。

　しかし、日本における SNS 相談はまだ始まったばかりであり、十分に整備されているとは言えず、また相談員が一か所に集まって相談対応する方式のため、新型コロナウイルス感染のリスクもあります。今後、ウイルス感染防止にも対応しながら、SNS 相談を広く普及させていくことが求められます。

　そのために参考となる事業として、ニューヨーク市に本部のある Crisis Text Line（クライシス・テキスト・ライン）によるオンライン相談があります。Crisis Text Line は心理的危機にある人からのテキストメッセージによる相談に対応している民間非営利組織（2013年より活動）であり、

月ごとの相談件数は約10万件（2018年12月）に上り、利用者の75％は25歳未満となっています。心理的危機にあり支援を必要とする人は、ショートメッセージサービス（SMS）やFacebookメッセンジャーを通じて、24時間・365日、無料で利用することができます。相談者からのテキストメッセージは、人工知能（AI）によって自殺リスクが評価され、リスクの高い相談者から優先的に、研修を受けたボランティアの相談員につながれます。相談員は特定の場所に勤務して相談を受けるのではなく、自宅などからスーパーバイザーの管理のもとでオンラインにより対応するため、新型コロナウイルスへの感染リスクも低くなります。

　先にも記しましたが、日本では厚労省がSNS相談の普及に取り組んでおり、新型コロナウイルス感染症に関連する相談ニーズも拡大していることから相談員の確保のための予算も増えているものの、まだまだ全ての相談に対応できているわけではありません。感染防止対策のあり方も含めて、今後このCrisis Text Lineのようなシステムは大変参考になると思われます。また、SNS相談の利用は、若い世代の利用が多いことから、中高年や高齢者といった幅広い世代への利用促進も課題です。

DVや児童虐待に対する支援

　新型コロナウイルス感染症対策として在宅勤務（リモートワーク）が普及し、学校が長期休校となる中で、家族が家庭にいる時間が増加したこと、外出自粛の要請や休業要請、収入減等による生活不安などでストレスが増大することにより、DV（ドメスティック・バイオレンス）や虐待などが増加・深刻化するリスクが懸念されます。

　実際、外出自粛や在宅勤務が広がった3月からDVの相談が増え、全国の配偶者暴力相談支援センターへの相談件数は、4月は前年同月比で3割、5月は2割増加しています（内閣府男女共同参画局）。DVへの対策としては、被害者に対する相談支援や一時保護を迅速かつ継続的に実施することが重要です。内閣府は、コロナ禍のもとでのDV被害者に対する相談窓口として、従来の「DV相談ナビ」を補完する「DV相談＋（プラス）」を

開設し、24時間対応の電話・メールによる相談や外国語にも対応したSNS相談（正午から午後10時まで）を実施しています。さらに、DV被害者の安全を確保するための同行支援や緊急的な保護等の総合的支援の拡充も行っています。

　また、児童生徒に対する虐待については、学校の長期にわたる休校によって、教師をはじめ外部の大人がその兆候やSOSのサイン等を把握することが困難な状況にあります。全国の児童相談所における虐待の相談対応件数は、休校が始まった3月は前年同月に比べて12％、4月は4％増加しています（厚生労働省子ども家庭局）。

　児童生徒の虐待やSOSに対しては、地域社会、学校、児童相談所、福祉事務所や保健所等が連携して、一時保護などの迅速な対応をとる必要があります。また、児童生徒等の長期休み明けにおける自殺リスクに対しても十分に注意し、SOSに気づいて適切な支援につなげられるよう相談支援体制を強化するなどの対策が重要です。

妊産婦のメンタルヘルス、産後うつへの支援

　近年、核家族化や地域との関係の希薄化等により、子どもは健康であるにもかかわらず、不安や心の問題を抱えている妊産婦が増加する傾向があり、妊産婦のメンタルヘルスケアが重視されています。

　もともと妊娠中や産後の周産期はメンタルヘルスに不調を引き起こしやすく、なかには産後うつ病を発症する人もいます。今はそこに、新型コロナウイルスの感染拡大による先行き不透明な状況への不安が重なってきています。そればかりか、外出自粛などの行動制限によって里帰り出産ができず、出産直前に急遽、産院を探さねばならなかったり、慣れていない病院での出産を余儀なくされるといった事態も起こっています。出産の際にも、感染症対策のため立ち合い出産ができず、入院中の見舞いも禁止している病院が多いのが実情です。

　さらに、妊産婦健診や乳幼児健診の中止によって医師や保健師等による支援を受けられなくなるなど、種々のストレスが重なることによって、妊

産婦が産後うつ病を発症または重症化させるケースもみられます。また、保健師の訪問活動も中止となり、相談支援や育児に関するアドバイスを受けられず、母子が孤立する状況もあります。

　厚労省は、新型コロナウイルス流行下における妊産婦総合対策事業として、①新型コロナウイルスに感染した妊産婦等に対し、退院後、助産師、保健師等が電話や訪問などで寄り添った支援を実施する、②不安を抱える妊婦に対して、分娩前の新型コロナウイルス検査費用を補助する、③オンラインによる保健指導等を実施するための設備及び職員の費用を補助する、④里帰り出産が困難な妊産婦に育児等支援サービスを提供する、といった支援を実施しました。産後うつは自殺のリスクを高めることから、メンタルヘルスケアとともに、きめ細かな総合的支援体制が必要となります。

コロナ禍における地域の居場所づくりへの支援

　地域住民、特に高齢者の孤独・孤立対策として、居場所づくりや社会参加活動が推進されていますが、新型コロナウイルス感染症の流行で一時的に閉鎖された居場所やサロン活動なども多いのが実情です。新型コロナウイルス感染症は高齢者で重症化しやすいことや、メディアの報道による感染リスクへの不安の高まり、外出制限による孤立、話し相手の不在などによるストレスが、メンタルヘルスに深刻な影響を及ぼすことが危惧されます。

　また、外出の自粛や人と会わないことが長期におよぶことで、心身機能の低下や慢性疾患、認知症の進行なども懸念されます。居場所やサロン活動の休止期間においても高齢者を孤立させないために、民生委員・児童委員、社会福祉関係者、保健・医療・教育など関係機関の連携・協力により、電話連絡などによる地域の見守り活動の実施、感染症対策や自宅でできる体操などのリーフレットの配布など、感染防止ガイドライン（東京都健康長寿医療センター研究所による「通いの場 × 新型コロナウイルス対策ガイド」など）に準じたサポートの強化が求められます。

高齢者と新型コロナウイルス

●田中　瞳（横浜市立大学大学院医学研究科）

山形大学医学部看護学科卒業後、新潟大学医歯学総合病院に看護師として勤務。その後、北里大学、埼玉医科大学、東京医科大学等で看護教育に携わる。東北大学大学院医学系研究科で高齢者の健康的な生活に寄与する要因について地域在住高齢者を対象に研究に取り組むと同時に、横浜市立大学大学院では客員研究員として高齢者への食事支援、アディクションの研究に取り組んでいる。看護師免許、保健師免許取得

　新型コロナウイルスの流行により、高齢者を取り巻く環境も様々な制限を受けています。新型コロナウイルスに関する情報が整理されるにつれ、重症化には基礎疾患や加齢などが要因であることが明らかになっています。

　我が国における感染者の状況を見ると、第1波（2020年1月16日〜5月31日）と第2波（6月1日〜8月19日）の比較において、第2波の感染者は若者世代が多く、重症化率も低いと言われています。これを高齢者に焦点を当てて見てみましょう。感染者の全年齢での粗死亡率（死亡数を感染者数で割った死亡率）は第1波で6％、第2波で4.7％ですが、70歳以上では死亡率は第1波が25.1％、第2波が25.9％とほとんど変わっていないこと、致死率同様、高齢であるほど重症化率が高いことが報告されています[※1]。これは高齢者にとって新型コロナウイルスの感染が、他の年代に比べ生命に及ぼすリスクが高いことを示しています。

　コロナ禍における問題として、子どもの学校の臨時休校に伴う学習への影響、臨時休校に伴う保護者の就業への影響、学習環境の確保などが報道でも多く取り上げられました。また、自粛に伴う消費活動の減少による関連産業の経済活動の縮小、労働者の生活への影響なども然りです。これらは深刻な問題であり、同様に高齢者を取り巻く状況も深刻なのです。ここでは高齢者の特徴を踏まえながら、コロナ禍の高齢者を取り巻く状況と課題を整理してみます。

※1　鈴木基：COVID-19の致命率と重症化リスク因子について，第6回新型コロナウイルス感染症対策アド
　　バイザリーボード（8月24日），資料3　厚生労働省　https://www.mhlw.go.jp/content/10900000/
　　000662183.pdf（最終アクセス：2020- 9 -20）

1 高齢者の特徴と新型コロナ

　新型コロナウイルスの中国での流行から現在までに確認され、世界でも共通認識されている重症化リスクの要因のひとつは年齢です。新型コロナウイルス感染症は、高齢であるほど重症化のリスクが高いのです[2]。加えて、心血管疾患、高血圧、糖尿病、慢性腎臓病などの疾患を持っていると重症化しやすいことが複数の報告で明らかにされています[2-5]。これらの疾患は加齢に伴って有病率が高くなる[6]ことから、高齢者が抱えるリスク要因は多くなるのです。それゆえ、感染が生命を脅かす可能性があります。これらの情報は何度も報道されたので、多くの方が既にご存知のことと思います。

　日本では、一般的に65歳以上を高齢者と定義し、高齢者の医療の確保に関する法律などでは65～74歳を前期高齢者、75歳以上を後期高齢者としています。高齢者とひとことで言っても、身体的機能、精神的機能は個人差が大きく、単純に年齢で区別することに違和感を感じる方も多いことでしょう。高齢者に該当する世代には活動的でエネルギーに溢れている方が実に多いのです。加齢自体は病気ではありません。時間経過に伴う生理的な変化です。とはいえ、確実に身体は変化し、心も変化します。

　加齢に伴い体力や気力が低下する状態をフレイル（Frailty）といいます。日本老年医学会は、「Frailty とは、高齢期に生理的予備能が低下することでストレスに対する脆弱性が亢進し、生活機能障害、要介護状態、死亡などの転帰に陥りやすい状態で、筋力の低下により動作の俊敏性が失われて転倒しやすくなるような身体的問題のみならず、認知機能障害やうつなどの精神・心理的問題、独居や経済的困窮などの社会的問題を含む概念」とし、しかるべき介入により再び健常な状態に戻ることが可能であること、

フレイルに陥った高齢者の早期発見と適切な介入によって、生活機能の維持・向上を図ることが期待されることを示しています[7]。歳を重ねることで人間は身体が弱り、気力も衰えてくるのです（＝身体と心の変化）。この状態をそのままにしておくと要介護状態に進むのです。ですが、対策をとることで予防も維持も回復も可能な段階であるのです。

※2 Wu, J. Li, W. Shi, X. et al.: Early antiviral treatment contributes to alleviate the severity and improve the prognosis of patients with novel coronavirus disease (COVID-19). Journal of Internal Medicine 288(1): 128–138, 2020.doi: 10. 1111/joim.13063
※3 Bo Li, Jing Yang, Faming Zhao, et al.: Prevalence and impact of cardiovascular metabolic diseases on COVID-19 in China. Clinical Research in Cardiology volume 109: 531–538, 2020. doi: 10. 1007/s00392-020-01626-9.
※4 Driggin Elissa, Madhavan Mahesh V, Bikdeli Behnood, et al.: Cardiovascular Considerations for Patients, Health Care Workers, and Health Systems During the COVID-19Pandemic. Journal of the American College of Cardiology 75(18): 2352–2372, 2020. doi: 10. 1016/j.jacc.2020. 03. 031
※5 Wang Xinhui, Fang Xuexian, Cai Zhaoxian, et al.: Comorbid Chronic Diseases and Acute Organ Injuries Are Strongly Correlated with Disease Severity and Mortality among COVID-19 Patients: A Systemic Review and Meta-Analysis. RESEARCH 2020. UNSP 2402961, 2020. doi. org/10. 34133/2020/2402961
※6 厚生労働省：平成26年（2014）患者調査の概況，統計表5 受療率（人口 10 万対），総数 - 入院 - 外来・年次・傷病大分類別. https://www.mhlw.go.jp/toukei/saikin/hw/kanja/14/dl/toukei.pdf （最終アクセス：2020-8-18)
※7 日本老年医学会 フレイルに関する日本老年医学会からのステートメント.https://www.jpn-geriat-soc. or.jp/info/topics/pdf/20140513_01_01.pdf（最終アクセス：2020-9-18)

2 コロナ自粛が高齢者にもたらしたもの

　フレイルを構成する要素は「身体の問題」「心の問題」「社会生活上の問題」に大別できます。さらに「身体の問題」は身体機能・身体能力の低下、栄養の偏り（痩せと肥満）・口腔の衰え（オーラル・フレイル）などのフィジカル・フレイル、「心の問題」はうつや認知機能の低下を指すメンタル・フレイル、「社会的問題」は人とのつながりの減少を指すソーシャル・フレイル、そして総合的な健康の状態に分けて考えることができます。特に人（社会）とのつながりが絶たれることは「フレイルの最初の入り口」[8]とされており、人との繋がりの有無がフレイルの他の要因に強く影響します。

　新型コロナウイルス感染を防ぐには、人との接触を回避することが求められています。ソーシャルディスタンスは2メートル[9]が推奨されています。この適切な距離感がわかりにくく、特に多数の人と空間を共有することへの懸念が残り、自粛要請解除後も自宅に籠る高齢者が増えました。外出自粛に伴って身体活動、社会活動は減少します。感染を回避しようとすると高齢者はフレイルへの入り口に近づくことになってしまいます。特に高齢世帯や単身高齢者の場合、外出自粛は人との接点をなくし、活動範囲を一層狭めます。これによって楽しみや刺激が減少し、寂しさや無気力から気分が落ち込み、抑うつ状態に向かいはじめます。抑うつはさらに、周囲への関心や意欲を削ぎ、食欲の低下は栄養不足となり、体力の低下を招きます。意欲の低下は「行きたい」「やりたい」気持ちを起こさないため、行動が少なくなり、身体的な活動を妨げます。活動しないと身体能力の低い高齢者のさらなる筋力や体力の低下につながり、転倒、寝たきりへと進んでしまいます。このように生活不活発の負の連鎖を生じることがわかります。フレイル予防プログラムを構築した東京大学教授 飯島勝矢氏は、フレイルがドミノ倒しにならないことが重要とし、早期の発見と早期の対応により進行を防ぐことが可能と述べています[8]。フレイルの入り口に近づかない／近づけない、連鎖を断ち切ることが必要なのです。

---

[8]　飯島勝矢：口腔機能・栄養・運動・社会参加を総合化した複合型健康増進プログラムを用いての新たな健康づくり市民サポーター養成研修マニュアルの考案と検証（地域サロンを活用したモデル構築）を目的とした研究事業 事業実施報告書（平成28年3月）http://www.iog.u-tokyo.ac.jp/wp-content/uploads/2016/04/h27_rouken_team_iijima.pdf（最終アクセス：2020-9-22）

[9]　厚生労働省「新しい生活様式」の実践例（6月19日一部変更）https://www.mhlw.go.jp/stf/seisakunitsuite/bunya/0000121431_newlifestyle.html（最終アクセス：2020-9-21）

3 地域で暮らす、支援が必要な高齢者

　他者の支援を必要とする高齢者は、コロナ禍でどのように過ごしているのでしょうか。高齢者の多い医療・福祉施設でもクラスターの発生が報告されています。このような状況のなかで、小規模事業所を利用している高

齢者を取り巻く現状はどうでしょうか。地域に密着し、高齢者支援に携わる現場から、訪問看護ステーションと生活困窮者のための無料・低額宿泊所を運営する保健師と、訪問リハビリテーションに従事している理学療法士に訪問支援サービスを利用する要支援高齢者の現状を聞きました。

小規模入所型施設での高齢者

　医療的ケアを必要とする方が多く入所している大都市にある小規模施設での高齢者の様子をみてみます。この施設は、障害状況に応じた日常生活支援を提供しています。入所者の平均年齢は70歳代前半であり、多くが認知症を持ち、要介護認定を受けています。新型コロナウイルスへの感染疑いが生じた経験から、高齢入所者の特徴を踏まえ、高齢者を支える小規模施設の課題も整理してみます。

　4月初旬、入所者のAさん（70歳代後半）が発熱しました。結論から言うと、Aさんは新型コロナウイルスには感染していませんでした。当時は都市部での感染が拡大している頃で、病院でのクラスターが複数報告されていました。Aさんは施設外デイサービスを利用しており、そこで濃厚接触者になったのです。当時はPCR検査の実施体制が十分整っておらず、実施の判断も自治体などによってばらつきがありました。保健所に相談しましたが、Aさんは当初、「発熱してから4日経っていない」などの理由で、PCR検査の対象に該当しませんでした。Aさんは基礎疾患に慢性閉塞性肺疾患（COPD）と心不全を持っており、発熱自体がCOPDによるものか、新型コロナウイルス感染によるものかは判別できていなかったのです。再度、保健所にPCR検査の実施を相談したところ、PCR検査の実施と入院が可能な病院を検討した方が良いと勧められました。しかし、「PCR検査の実施と入院の両方が可能」という条件に該当する病院が見つからなかったのです。にもかかわらず、新型コロナウイルスへの感染疑いを払拭できない限り、発熱があっても適切な医療施設への受診ができませんでした。そのため、Aさんは宿泊所でPCR検査を実施し、療養することになったのです。

　この時点で宿泊所には、Ａさんの健康状況の観察と必要な対応、施設内での感染対策の徹底が課されました。施設内での感染対策の徹底が特に難題であったそうです。宿泊所では入所者の居室以外に、緊急時に利用可能な予備的スペースがなかったのです（食堂は時間帯によっては多目的に活用可能ですが、感染隔離等に使用することはできません）。施設内は、Ａさんの隔離エリア、濃厚接触者となったＡさんと接触のあった入所者（「準接触者」とする）エリア、非接触者エリアの３区分でゾーニングしました。施設の構造上、準接触者と非接触者のトイレや浴室などは区分できないため、換気や時差で対応しました。

　加えて、入所者には認知症者が多いこと、高齢であるため耳が遠く、認知症の診断に至らなくても理解力の低下があります。そのため、感染拡大防止策を講じても、利用者が新型コロナ対策の新ルールを守ることができなかったのです。空間を区分しても入所者が守れないと区分が意味をなしません。入所者に新型コロナウイルスの感染者が出るかもしれない状況において、入所者がゾーニングを守れないことは、感染対策に敏感になっている職員に大きな負荷になり、職員のコロナ疲弊にもつながりました。

　このように小規模施設での感染症対策は、限られた環境のなかでの適切なゾーニングを行うことの難しさ、入所者に感染予防策を徹底することの困難さ、PCRを速やかに行えず、感染しているか否からわからない状態でケアを継続しなければならないこと、職員の疲弊などの要因が絡まり、限界に近い状態で展開されているのが実情なのです。

　保健師によると高齢入所者には新型コロナウイルスへの目立った反応は見られなかったそうです。認知機能が低下している高齢者は、新型コロナウイルス感染のリスクについて理解することが困難である場合が多いです。高齢者は、「理解力が低下している状態」があることで、感染リスクを大きくしてしまうのです。

4 訪問支援サービスを利用する高齢者の選択

「訪問リハビリをお休みします」―居宅高齢利用者の反応

コロナ禍においては訪問支援サービスの利用状況にも変化がありました。重症化リスクを抱える高齢者が自粛する内容も人それぞれです。訪問リハビリテーション（以下、訪問リハビリ）の現場においても新型コロナウイルスの影響は顕著にあると理学療法士はいいます。

実際に新型コロナウイルスの感染が拡大し始めた頃より、家族以外との接触による感染リスクを恐れ、訪問リハビリを中止した利用者は一定数いました。2月中旬、「感染リスクを減らしたいので訪問リハビリはお休みします」と連絡が入ったのです。

話を聞いた理学療法士が活動拠点としているのは中核都市にある訪問看護ステーションのリハビリテーション部門です。感染が拡大し始めた当初は、訪問看護ステーションなどの事業所にむけた感染予防のための情報は十分ではなく、現在のように感染予防マニュアルや行動指針も提示されていませんでした。感染対策を講じるために事業所では、学校などに向けて発信されている情報や感染防止のために必要な物品をかき集め、利用者の安全確保のために奔走しました。しかし、訪問リハビリを利用しているのは、感染すれば重症化するリスクが高い高齢者です。同事業所の訪問看護部門では、利用者の状態や療養内容によって、人工呼吸器の管理や医療的処置などの生命に直結する支援を提供していることもあり、訪問看護を休止すると在宅での生活が困難になる利用者も多く、利用状況には変化がなかったのですが、訪問リハビリの利用者は明らかに減少しました。

利用者は休止期間の差はあれ、約半数の人が一度は利用を休止しました。利用を休止する方は要介護1～2の人が多く、寝たきりなど要介護度が高い方は休止していません。要介護度が高い人にとってリハビリの中断は日常生活動作の低下に直結するからです。新型コロナウイルスに関する情報が整理されるなかで、訪問リハビリを再開する人は徐々に増えていますが、一部の利用者は現在もリハビリを中断したままです。

　訪問リハビリテーションとは、「居宅要介護者について、その者の居宅において、その心身の機能の維持回復を図り、日常生活の自立を助けるために行われる理学療法、作業療法その他必要なリハビリテーション」です。理学療法士や作業療法士などのリハビリテーションの専門職が利用者宅を訪問し、リハビリを提供します。利用者は在宅でリハビリを受けることができ、身体機能の回復のみならず、自己実現や生きがいを支え、生活の質を維持するための重要な支援です。

　訪問リハビリの利用者は、84.0％が要介護１以上の認定を受けており、要介護３以上が全体の44.3％（介護給付費等実態調査、平成30年４月審査時点）となっています。要介護とは「身体上又は精神上の障害があるために、日常生活上の基本的動作の全部又は一部について、常時介護を要すると見込まれる」状態（介護保険法第７条第１項）※10です。言い換えると、身の回りのことを自分で行うことが困難であり、何らかの介護を要する状態なのです。身体機能は健康維持と密接に関わっており、要介護の認定を受けている利用者が現状を維持していくためには、リハビリの継続が望ましいです。前述したフレイル予防対策の必要性から、リハビリの重要性はお気づきのことと思います。しかし、要介護度が低く、リハビリで日常生活の自立が維持できている人ほど休止を選択しています。新型コロナウイルス感染への不安がリハビリの優先度を下げているのが現状なのです。

「病院に行くとコロナがうつる」―認知症を持つ在宅高齢者の状況

　訪問看護サービスの高齢利用者のなかには、受診拒否が生じました。医療施設での新型コロナウイルスへの感染を恐れたためです。

　Ｂさん（80歳代前半の女性）は、糖尿病の既往があり、通院加療を行っていました。他にうつ病と認知症があり、いずれも通院加療中でした。そのため訪問看護のサービスを受けながら一人暮らしをしていました。新型コロナウイルスが流行してからは、感染リスクを回避するため、外出を自粛して自宅に籠るようになったのです。「病院には（コロナ陽性者が）いるから、（病院に）行くと（新型コロナウイルスが）うつるかもしれない

から行かない」と受診を拒否し、それまで継続していた内服は薬剤がなくなった時点で中断、病状が悪化する事態となりました。

　糖尿病の悪化に加え、Bさんに起きた大きな変化は認知症の悪化でした。Bさんは自宅に籠ったことで他者との接点がなくなり、認知機能が低下したのです。当初は「コロナ（感染）が怖いから、病院には行かない」と、通院しない理由が明確だったのですが、認知機能の低下に伴って、自身が通院を拒否する理由さえ分からなくなってしまったのです。受診を勧めても「病院には行かないったら行かないー！」という状況です。認知症の症状が悪化し、掃除、洗濯、炊事などあらゆる日常生活行動がままならない状態に陥り、生活が崩壊しかけたのです。

　Bさんには、訪問看護師が本人の前で医療機関に電話で連絡し、必要な薬の処方を受けられるように支援しました。内服が再開され、精神状態が安定したBさんは現在も在宅で生活を続けています。Bさんの優先順位は「基礎疾患を管理して健康を維持する」ことよりも「感染リスクの回避」でした。Bさんには「適切な感染予防をとって適切に受診する」という選択はなかったため、結果、基礎疾患と生活状況の悪化に至ったのです。新型コロナウイルスへの感染リスクのために、このような選択をした高齢者は他にも複数いるといいます。

　これらの状況からみえてきたのは、新型コロナウイルスへの感染リスクを回避するために、リハビリの継続、医療機関の受診で維持していた健康を手放す選択を高齢者がしているということです。感染への恐怖が、高齢者の健康維持行動の優先順位を変え、新型コロナウイルス感染とは別の健康リスクを増加させてしまいます。感染を回避することが重要なことは間違いないのですが、高齢者には現在の健康を手放さないための支援も必要です。

※10　介護保険法（平成九年法律第百二十三号）施行日：平成二十八年八月二十日．最終更新：令和二年六月十二日公布（令和二年法律第五十二号）改正 https://elaws.e-gov.go.jp/search/elawsSearch/elaws_search/lsg0500/detail/409AC0000000123_20160820_428AC0000000047/ 0 ?revIndex= 4 &lawId=409AC0000000123#A（最終アクセス：2020- 9 -20)

5 都市部以外の自立している高齢者の日常

　自立した生活を送っている高齢者の多くは、コロナ禍における新しい生活様式に適応しながら暮らしています。都市部以外の地域で暮らす高齢者に話を聞きました。

　新型コロナウイルスの流行以降は、マスクの着用は必須になりましたが、基本的にはこれまでと同じ生活を送っています。コロナ流行以前と変わったことは、町内会や仲間での食事会、宿泊を伴う旅行など、人の集まる行事が中止になり、楽しみが少なくなったこと、どこに行っても検温や健康チェックを受けなければならないことが多少煩わしいこと、連日コロナ関連のニュースが絶えないことなどでした。生活圏に近いところに感染者が出たときは、驚きつつもあり得ることと理解していることなどが話題になりました。感染予防の煩わしさを多少は感じつつも、今の生活にも慣れて、急ぎでないと判断できる場合は受診を控えるようになったと話します。これまで地域に住む高齢者にとって、クリニックなど、近くの医療機関の待合室は社交場でもありました。しかし、今は、急性症状でなければ、多少我慢をしても待合室の環境を回避して、密になる環境に身を置かないようにする対策が生まれていたのです。

　一方で、ご近所同士の茶話会などは新型コロナウイルス流行以前に戻っているといいます。何でも自粛をするのではなく、生活圏での新型コロナウイルス感染状況を踏まえつつ、日常を取り戻していました。

　「〇〇さんが最近あんまり出てこないから、家まで様子を見に行ったら、『コロナがあるから家にいる』って。一人暮らしなのに、そんないつまでも家にいたら別な病気になってしまうから外に出なって言っても出てこない。だから時々お茶飲みに行っている。鯛焼き買ってきたから、お茶入れてって。そうすればほら、話もするしね、私も家にいるより面白い」

　顔見知りの仲間で楽しく過ごす時間も必要だと話していました。

　制限のある生活はストレスになります。高齢者は、新型コロナウイルス

への感染防止のためには、新しい生活様式は不可欠であると共通の認識を示していました。そのなかで、全て自粛、全て制限ではなく、必要な予防行動を取りながら、何を生活に取り戻していけるのかを選択していました。健康な高齢者でも人と接しないことと外出しないことが重なると、死亡のリスクが約2倍高くなってしまうという調査結果もあります[11]。都市部とそれ以外の地域では状況も環境も異なるので、地域による違いはあるでしょうが、自立して生活している高齢者は、コロナ禍でも人とのつきあいを継続していました。お互いに声を掛け合うことで情報を共有し、基盤となるコミュニティのなかで自然に互助を醸成させていました。

　多く聞かれたのは、遠方に住む親族と会うことができなくなったことです。特に感染拡大地域から未拡大地域への移動は自粛が続きました。大型連休は非常事態宣言が発令されていたため、子や孫に会うことを我慢しました。それなのに、心待ちにしていたお盆帰省も見合わせになったのです。「（同居ではない）子どもと孫、特に孫に会えないのは残念だ．楽しみだったのに」「連休なのに田舎に来られないのは孫たちが不憫」と話していました。子から電話で『こっち（都市部）は感染者が多いから、万が一、そっち（感染未拡大の地域）に持ってくと悪いから帰省しないよ』と言われれば、諦めるしかないのです。「どこも同じ状況だから、今は仕方がない」と言いつつも、子や孫に直接会える機会が失われたことは他では代用しがたい。待つ側の寂しさと落胆は大きいのです。

※11　Ryota Sakurai, Masashi Yasunaga, Mariko Nishi, et al. :Co-existence of social isolation and homebound status increase the risk of all-cause mortality. Int Psychogeriatr 31(5):703–711. 2019. doi: 10. 1017/S1041610218001047.

6　長期療養による高齢者の変化

　新型コロナウイルスの流行直前はインフルエンザ流行期であったので、インフルエンザ予防のために多くの高齢者施設で面会が制限されていました。その最中に新型コロナウイルスが流行しはじめ、高齢者施設に加え、

病院でも面会が制限されるようになったのです。病院では施設近辺を生活
圏としない人（他県在住者）の外来受診への付き添いも制限されました。
面会制限は、施設によっては近隣居住の１名のみといった条件で可能な施
設もありましたが、多くの施設では長期間面会が制限されました。とにか
く「会えない」のです。久しぶりに面会をした人は、療養中の高齢者につ
いて「なんだかはっきりしない様子で、ボケが進んだみたい」と表現し、
認知機能の低下を感じたと話していました。

　コロナ禍での高齢者の変化について、支援者はこう話します。

　「日々、高齢者と接していて、今まで一人でできていたのに介助が必
要になった、リハビリパンツだった人がおむつ着用に変わった、そうい
う高齢者がこれまでより多いと感じている。人は時間経過のなかで徐々
に機能が低下していく生き物である。しかし、それだけでは説明がつか
ないとも感じてしまう。関与の程度はわからないが、何かしらコロナに
よる影響を受けているのは確かであり、影響は大きいと感じている」

　施設に入所している高齢者に生じた変化が全て新型コロナウイルスに
よってもたらされた影響とはいえず、高齢者の自然の流れのなかであらわ
れた変化なのか、あるいはコロナ禍で加速されたものかは明確にはできま
せん。感染予防のために、会える機会が減少し、間隔が開くことで、高齢
者の変化を大きく感じるのかもしれません。いずれにしても新型コロナウ
イルスの影響はあるといえます。

7 コロナ禍が取り巻く高齢者の課題

　対応が明確になっていない課題はいくつもあります。

　現在は、高齢者と介護者の二人暮らしや老老介護は少なくありません。
もしも、介護者が新型コロナウイルスに感染し、自宅以外での療養が必要
と判断された場合、残された要介護高齢者は誰に、どこで支援を受けれ
よいのでしょうか。

　要介護高齢者も陽性であった場合は支援がはっきりしますが、陰性だっ

た場合はどうでしょう。検査結果が陰性であっても、要介護者が高齢者施設などで支援を受けることは容易ではありません。なぜなら、高齢者施設はハイリスク者の集団であり、受け入れに対する風評被害も危惧されます。高齢者は新しい環境への適応が難しいことも多く、在宅で過ごすことが望ましいです。しかし、このようなケース（仮）の場合、親族が世話に来る可能性、近隣からの互助による支援や見守りも期待薄です。世の中には新型コロナウイルス感染に対する厳しい反応があるのも現実なのです。訪問看護や訪問介護などの活用が可能かは自立度や認知レベルによります。訪問支援を提供している事業所にも風評被害の可能性はあり、訪問支援の事業所が倒れれば、地域規模での支援体制の崩壊につながる可能性もありうるのです。施設ごと、現場ごとの対応ではなく、このような状況に置かれても社会的に孤立することなく、高齢者が安心して生活できるような基盤が求められます。

8 オンラインよりこまめな電話

　ICTを活用した「オンライン帰省」が話題になりました。しかし、高齢者世代では自宅に通信環境が整っている家庭ばかりではありません。また、多くの高齢者の情報源はテレビです。テレビは身近で便利なツールですが、高齢者が欲しい情報をいつでも、確実に得られるわけではないのです。70代のインターネット利用率は74.2％、80歳以上は57.5％（総務省「通信利用動向調査」2019年）※12となっていますが、この調査の回答は郵送およびオンラインでの回収であり、調査対象は世帯単位です。つまり、利用状況を示す数字は高いですが、実際には高齢者の全てがICTに適応できているわけではないということです。前述のような課題はむしろICT非利用者に起きています。遠方で暮らす高齢世代のためにICT環境を整えても、新しいものへの適応は高齢者には困難なことが多いのです。高齢者にとってICTの活用は生産年齢世代が想像している以上にハードルが高いのが実情です。高齢者には使い慣れた手段での連絡が確実なのです。

　おそらく電話は高齢者にとって身近で確実な通信手段のひとつです。これまでの連絡頻度に加え、コロナ禍の高齢者を見守る手段のひとつとして、電話を活用しない手はありません。"短い電話"を"頻回"にすることで、遠方からも見守ることができます。子や孫の声は嬉しく、定期的な連絡は高齢者に『子や孫を心配する』役割ももたらすかもしれません。古臭いと感じるような言葉も邪険にせず、「高齢者に心配される」こともコロナ禍で高齢者を見守る方法のひとつと考えてみてはどうでしょうか。

　新型コロナウイルスの感染拡大によって社会は多くの「初めての経験」をしています。殊に高齢者は複数のリスクを抱えており、支援が必要な部分が多いことは事実です。しかし、コロナ禍の状況に対し、嵐が過ぎるまで慌てず、騒がず、状況が落ち着くのを静かに待つことは当然であるかのように、新生活様式を受け入れながら毎日の生活を送っている高齢者もいます。高齢者は長い人生のなかで、これまでにも予測のつかないことや未知のことを経験する機会が幾度もあったことでしょう。これは高齢者が培ってきた危機への対処力、対応力と言えるのではないでしょうか。他世代も高齢者のコロナ禍の生活に向き合う姿に見倣いたいところです。

　新型コロナウイルスの感染拡大状況は地域によって大きな差があり、それゆえ、受け止め方や対策の取り方も地域や個人によって大きく異なります。ここに記したのは高齢者の実際の状況ではありますが、ほんの一部です。居住地域の環境、感染状況などによって、今後の高齢者支援の体制は変わっていく可能性があります。このようなコロナ禍においても高齢者が取り残されず、新生活様式のなかで穏やかな日常を送ることができる体制や社会について考えていく必要があるでしょう。

※12　総務省：令和元年通信利用動向調査の結果（令和2年5月29日公表）- 報道資料 , https://www.soumu.go.jp/johotsusintokei/statistics/data/200529_1.pdf（最終アクセス : 2020- 9 -20）

歯科口腔保健における
新型コロナ対策

● 三浦宏子（北海道医療大学歯学部口腔構造・機能発育学系 保健衛生学分野 教授）

1985年北海道医療大学歯学部卒。1995年東京大学大学院医学系研究科修士課程修了。博士（歯学）、修士（保健学）、歯科医師。北海道医療大学歯学部講師、東京大学大学院医学系研究科講師、九州保健福祉大学保健科学部教授を経て、2008年12月より国立保健医療科学院に奉職。口腔保健部長、統括研究官を経て国際協力研究部長として2020年3月まで勤務。2020年4月より現職。専門分野は地域歯科保健学、高齢者保健、歯科保健政策、国際保健。

1 はじめに

　新型コロナウイルス感染症は、歯科医療関係者にとっても大きな関心事です。新型コロナの感染ルートが、唾液を介する接触・飛沫感染（エアロゾル感染を含む）であるためです。治療に際して唾液と接触する機会が多いことと、歯の切削時や歯石除去の際に使用するエアータービンや超音波スケーラーによるエアロゾルが発生しやすいと言われています。

　2020年4月の「緊急事態宣言」に合わせて、厚生労働省医政局歯科保健課は「院内感染防止対策の徹底と、緊急性が低いものに対しては治療の延期等を検討する」ことを事務連絡しましたが、緊急事態宣言の解除後は、ウィズコロナ時代における必要な歯科保健医療サービスを円滑に提供できる体制の構築を目指した新たなフェーズに入りました。これらの行政的な動きのほかに、国民の口腔管理に対する意識変化に関する知見も出てきています。これらの対策をご紹介するとともに、一般の人々が歯科医院で受診する注意点、子どもから高齢者までの口腔衛生についてもアドバイスします。

2 歯科医師によるPCR検査の実施と人々の歯科受診行動の変化

　歯科医師は、従来、PCR検査の実施者ではありませんでしたが、2020

年4月26日に、厚生労働省は、歯科医師によるPCR検査について、患者からの検体採取を認めると発表しました。PCR検査のための鼻腔・咽頭拭い液の採取は、「歯科医業」の範疇を超える業務ですが、感染拡大状況を踏まえ、医療提供体制を維持するために歯科医師も検体採取に加わることができるように、制度改善を行いました。

　新型コロナの感染の拡大は、人々の歯科受診行動にも大きな影響を与えました。2020年7月下旬に発表された関連研究では、一般住民を対象とした歯科受診行動に関するオンライン調査（回答者数1885名、2020年5月実施）が実施され、緊急事態宣言後に歯科医院に行く予定がない者を除いた1197名についての歯科受診行動を調べました。その結果、52.8％の者は予定どおり歯科受診をしていました。その一方、歯科受診に際して院内感染を心配して強い不安を感じ、できれば歯科受診を避けたいと回答した者が24.1％に達していました。明らかな歯科受診行動の抑制傾向が認められました。

　強い不安をかかえやすい者の特性としては、「女性」「40代までの年代層」「これまでの歯科受診は困った時のみ」といった3条件が抽出されています。コロナ感染のハイリスク者である高齢者よりも、40代までの年齢層において、むしろ強い不安を感じる者が有意に多かったことは着目すべき点です。これらの結果は、「かかりつけ歯科医」を持ち、常日頃から正しい歯科口腔保健情報を得やすい環境を持つことが、不安感の低減に役立つことを示唆していると考えられます。

3 歯科医療機関における対策強化の体制づくり

　歯科医療機関での新型コロナ感染予防対策については、関連団体からのガイドライン等の公表など拡充が図られつつあります。日本歯科医師会では、2020年8月に「新たな感染症を踏まえた歯科診療の指針」と「新たな感染症を踏まえた歯科診療ガイドライン」を公表したほか、「新型コロナウイルス感染症等感染防止対策実施歯科医療機関みんなで安心マーク」を

図1　新型コロナウイルス感染症等感染防止対策実施歯科医療機関みんなで安心マーク

発表し（図1）、感染予防対策を実践している歯科医療機関をわかりやすく明示する取り組みを開始しています。これまでの調査研究から、歯・口腔の健康の悪化は糖尿病や誤嚥性肺炎等のリスクを高めることが明らかになっています。ウィズコロナ時代における新たな歯科口腔保健対策を図るうえでも、適切な感染予防対策のもと、必要な歯科口腔保健サービスを受けることができる体制が整いつつあります。

4 歯科治療における感染リスク低減のための対応

　歯科治療における院内感染リスクを低減させるために、マスク、医療用ゴーグル、ディスポーザブル手袋の着用といった基本となる標準予防策に加えて、唾液飛沫の拡散を防ぐため、通常の口腔内吸引と口腔外吸引装置による重層的な吸引等を行い、エアロゾルの発生を大きく減らす取り組みを導入する歯科医療機関も増えてきました。これらの対策が奏功し、2020年8月まで、歯科医療機関での感染拡大事例は報告されていません。日本歯科医師会では、新型コロナなどの院内感染対策を定着させるために、

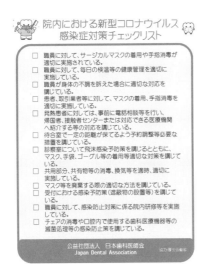

図2　院内における新型コロナウイルス感染症対策チェックリスト

「院内における新型コロナウイルス感染症対策チェックリスト」（図2）を提示して、院内感染予防対策のより一層の可視化を図っています。

5 新型コロナ感染リスクと口腔衛生管理

　口腔衛生管理が誤嚥性肺炎の予防効果を有することは、よく知られています。また、インフルエンザに対する口腔衛生管理の効果についても研究知見が報告されており、歯周病原因菌を減らすことによってインフルエンザウイルス細胞の付着を阻害できることが報告されています。新型コロナウイルスはインフルエンザウイルスと同様の付着様式を有するため、適切な口腔衛生管理を行うことによって、新型コロナウイルスに対しても同様な効果を期待する報道等が散見されます。

　しかし、2020年8月末日時点では、口腔衛生管理と新型コロナの直接的な関連性を明らかにした研究論文は、残念ながら報告されていません。現在のところ、口腔衛生管理は、新型コロナの特異的な予防手段というよりは、歯・口腔の健康を維持するための包括的な健康増進対策と考えるべきでしょう。

6 セルフケアとしての歯みがき実施時の留意点

　自分自身で歯口清掃（歯みがき）を行う際にも、新型コロナ感染予防対策に十分に注意すべきです。2016年度の歯科疾患実態調査によると、毎日歯を磨く人は95.3％に達していて、3回以上磨く人も27.3％と極めて高い値となっています。すなわち、わが国の人々においては、基盤的な衛生習慣のひとつとして、歯みがきは定着しており、誰しもが毎日実践する歯科保健行動であると言えます。

　歯みがき時は、自分の唾液の飛沫を飛ばす動作をしがちです。新型コロナ感染者では、臨床的な症状が顕在化する前でも、唾液中にもウイルスが混入し、他者に感染させることが知られています。歯みがきを行う場合にも、「三密」を避けることが強く求められます。できるだけ近くに他者がいないような環境下での歯みがき実施を心がけ、歯みがきを行う場所の換気にも十分に留意することが求められます。洗面所に窓がない場合は、換気扇を回すなどの細やかな対策の積み重ねが重要です。また、歯ブラシの管理状況にも注意が必要です。保管中の歯ブラシは、1つのコップに1本ずつ刷毛部を上にして置き、他の歯ブラシと接触することがないように十分に乾燥させましょう。湿潤下にある歯ブラシは不潔な状況になりやすいことが知られていますので、家族内感染を予防するうえでも歯ブラシの保管状況を含めた感染対策を心がけることが必要です。

　使用する練り歯みがき剤や洗口剤（液体歯みがき）については、特に制限はありません。通常の歯みがきで使用されているもので十分です。練り歯みがき剤については、使用量が多すぎると、歯みがき後に口をゆすぐ時に時間がかかり、より飛沫が飛びやすくなります。適正な使用量（1g程度）を守ることが重要です。

7 高齢者への歯科口腔保健対策に対する影響

　高齢者の新型コロナ重症化リスクは、他の年代に比較して高いことが知

られています。特に、何らかの基礎疾患を有する割合が高い要介護高齢者では新型コロナは重症化しやすい傾向にあるため、特段の配慮が必要となります。日常生活動作が低下し、自分自身で十分な歯みがき行動ができない場合には、介護者からの口腔ケアが必須となります。新型コロナのハイリスク者である要介護高齢者への口腔ケアを介護者が行う場合、これまで以上に十分な安全対策が特に求められます。

　厚生労働省が2020年5月に公表したYouTube動画は、訪問介護職員が在宅サービスを行う場合の留意点がわかりやすくまとめられています。特に、「訪問介護職員が利用者宅にウイルスを持ち込まない」「訪問介護職員と利用者がウイルスをやり取りしない」「訪問介護職員がウイルスを持ち出さない」の3つの視点から、口腔ケアを含めた在宅サービスの提供時における具体的な感染方策がまとめられています。平時の口腔ケア実施時の注意点を発展させて、三密の回避、手洗い・消毒の徹底、ケアサービス提供中に発生したゴミの処分法等の対策をもれなく行うことが肝要です。

8 子どものフッ化物洗口に関する注意点

　フッ化物洗口は、う蝕（むし歯）予防に優れた効果を有するものであり、学童期において継続的に実施することは、子どもの歯・口腔の健康を維持するうえで大きなメリットがあります。しかし、洗口時の飛沫拡散を恐れてフッ化物洗口の見合わせを検討している学校もあると言われています。新型コロナ感染拡大による諸活動の自粛は、子どもの生活にも大きな影響を与えています。新型コロナ流行前と比較して、身体的な活動が制限されることが多くなり、生活リズムも崩れる傾向にあると考えられます。このような状況下では、フッ化物洗口を中止した場合、むし歯発症リスクが急激に高まることが懸念されます。

　日本口腔衛生学会では「新型コロナウイルス緊急事態宣言下における集団フッ化物洗口」を発出し、フッ化物洗口を継続して実施するうえでの留意点をまとめています。具体的な対応方法としては「集団で洗口場に行か

ない」「洗口場では間隔をおいて吐き出す」「洗口場の換気を図るために窓を開ける」の3点を指摘しています。フッ化物洗口では、5〜10mLの洗口液量にて「ガラガラうがい」ではなく「ブクブクうがい」を行い、フッ化物洗口液が歯表面に作用する時間を長くする形で行います。洗口後に使用済みの液を吐き出す場合には、紙コップを有効活用することで、エアロゾルを発生させるリスクを減らすことができます。洗口液が入っていた紙コップに、洗口済みの液剤を吐き出させ、その紙コップ中にティッシュペーパーを数枚入れ、洗口液を吸収させたうえで廃棄するなど、少しの工夫をすることによって、安全にフッ化物洗口によるむし歯予防を継続することができます。

⑨ おわりに

　歯科医療安全意識の近年の高まりもあり、歯科診療の現場における新型コロナへの医療安全対策は適切になされていると考えられます。歯科における新型コロナ感染リスクに関する学術報告についても徐々に数が増えており、知見が蓄積されつつあります。新型コロナ感染予防策としての口腔衛生管理の効果検証については、今後の調査研究の発展を待たなければなりませんが、本稿で最も強調したいことは、日常的な歯科保健行動でもある歯みがきや口腔ケア実施の際に少し工夫することによって、新型コロナ感染リスクを大きく低減できることです。ウィズコロナ時代に合わせた新しい口腔衛生管理法を日常生活に取り入れ、定着させることが求められます。

〈参考文献〉
　1）小山志穂子、他「COVID-19感染拡大下における歯科受診行動—どんな人が歯科受診に不安を抱いているのか—」口腔衛生会誌 2020;70:168–174.
　2）茂木伸夫、他「口腔外サクションは歯科飛沫をどこまで防ぐか？口腔外サクション使用時の飛沫動態の解析」歯界展望2010;115:976–980.

感染症対策における保健所の役割と現状

● 坂野晶司（医師、板橋区健康生きがい部 志村健康福祉センター所長）

1989年医師免許取得、1996年博士（医学）。現在、東京都公衆衛生医師として都内各区の保健所で勤務している。日本公衆衛生学会認定公衆衛生学専門家、社会医学系専門医制度指導医、日本救急医学会認定救急科専門医、インフェクションコントロールドクター、日本結核・非結核性抗酸菌症学会認定医、日本国際保健医療学会代議員。

1 はじめに

「感染症対策における保健所の現状と役割」というテーマを与えられました。

今回の新型コロナウイルス感染症は、当初は「武漢華南海鮮卸売市場」内での野生動物から人への限局的な流行（エンデミック）と思われていました。それが実はヒト-ヒト感染するという話になり、日を置かず WHO（世界保健機関）が史上 6 回目となる「国際的に懸念される公衆衛生上の緊急事態」（PHEIC）を宣言、さらには世界的流行（パンデミック）の宣言となりました。

今回の新型コロナ感染症の流行では、マスコミなどのメディア報道に保健所が登場することが多くなりました。また、いろいろな文脈で「保健所機能の強化」ということが言われるようになりましたが、その実態はあまり知られていません。

「強化」しなければということは、今は「弱体化」しているのか？ これを考える場合に「二つの大きな法改正」を避けて通るわけにはいきません。今回の小論では、この二つの法改正から見えてくる保健所の課題を中心に考えてみたいと思います。

さて、保健所の「弱体化」があるにせよ、ないにせよ（これは主観が入るところだと思います）、市民の思っている保健所像と今の保健所の実像との大きな乖離、ここに問題があるのだと思います。

世界最大の動画サイトである YouTube の検索ボックスに「保健所」と
だけ入力して動画を検索してみてください。最近ではさすがにコロナ関係
の動画も散見されるようになってきましたが、ものの見事に「犬」「猫」
関係のサムネイルがズラリと並ぶはずです。これがおそらく今の市民感覚
での保健所という言葉のイメージなのでしょう。保健所はいわば少しだけ
「日陰者」であるとも言えます。今回は、このちょっぴり「日陰者」の実
情について、いくらかご説明させていただきますのでお付き合いください。
　筆者は2004年から保健所勤務を続けており、前職の大学での教職歴を含
めると20年ほどこの業界に身を置いているものです。浅学非才のため、わ
かりにくいところはご海容賜れば幸いです。

2 保健所数の減少

　保健所は公的な組織ですから、その行動は法律に規定されます。保健所
の感染症部門を規定する法律には、平成の間に二つの非常に大きな改正が
ありました。

　まずそのうちの一つ目を考えてみます。

　全国に保健所というのはいくつあるのでしょうか。正解は、469か所で
す（2020年度、全国保健所長会資料）。ピーク時には800を超える保健所が
全国にありましたが、現在は半分近くにまで数を減らしているわけです。

　次のページのグラフ（図１）は全国の保健所の数の推移を表しています。

　「それみろ、こんなに数が減っている。だから保健所は弱体化している。
今こそ保健所機能の強化が必要だ！」という声が聞こえてきそうです。

　グラフをご覧いただくと、あるタイミングで急速に数を減らし始めて、
その後ほぼ一貫して減少傾向が続いているということがお分かりいただけ
ると思います。この「ガクンと減り始めたタイミング」が保健所の設置根
拠となっている法律が変わる大改革、「地域保健法」の施行なのです。

　この「ガクンと減る」前、保健所の設置の根拠になっていたのは文字通
り「保健所法」という法律でした。この「保健所法」が1994（平成６）年

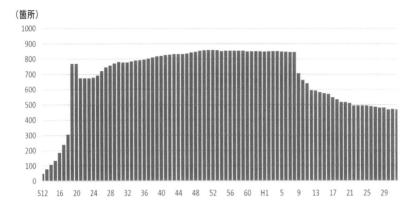

図1　保健所総数の年次推移

出典：全国保健所長会ウェブサイト（http://www.phcd.jp/03/HCsuii/）

地域保健法施行の前後で保健所数が大きく減少し、その後統廃合により少しずつ減少していることがわかる。

に「地域保健法」に衣替えしました。「地域保健法」は1997（平成9）年に全面施行されます。この地域保健法への改正により保健所の担う役割は大きく変化しました。

　次節では時間を終戦直後にまで巻き戻します。

3 乳児死亡率から見る感染症とのたたかい

　1945（昭和20）年に日本は終戦を迎えました。当時の日本の衛生状態は驚くべき劣悪さであり、進駐してきた連合軍があまりの衛生状態の悪さに驚いたといいます。

　衛生状況を表すにはいろいろな指標が用いられます。平均寿命や早世率などの指標もありますが、ここでは「乳児死亡率」の推移に着目してみたいと思います。乳児死亡率（IMR = Infant Mortality Rate）というのは、生まれた千人の赤ちゃんが一歳までにどれくらい死亡するか、という指標です。つまり、IMR ＝10という場合は、1000人の生まれた赤ちゃんのうち10人が最初の誕生日を迎えられずに死亡する、という意味です。当然ですが、この数字が低いほど衛生水準が高いということになります。なお、

この種の統計指標は集計方法の違いにより同じ状況でも若干違う値が出る場合があることをご承知おきください。

厚生労働省の人口動態統計によりますと、1947（昭和22）年の IMR は76.7、その 3 年後の1950（昭和25）年にはやや下がりましたが60.1と非常に高い値でした。その後のインフラや医療の整備によって2016（平成28）年の統計ではこの値は2.0まで下がっております。

IMR についてもう少し言及します。当然、先進国では低く、低開発国では高くなっています。国際比較の統計ソースは WHO、ユニセフ（国連児童基金）、世界銀行などいくつかありますが、ここでは経済協力開発機構（OECD）の集計によるもの（https://data.oecd.org/healthstat/infant-mortality-rates.htm）を参照してみます。

この統計では2018（平成30）年の日本の IMR は1.9で、同年 OECD 加盟国で IMR がもっとも高かったインド（29.9）とは10倍以上の差があります。OECD にはアフリカなどの最貧国（LLDC）は含まれませんので、LLDC国と日本を比べると、彼我の格差には大変なものがあるわけです。ここで日米英 3 か国の IMR の年次推移をご覧いただこうと思います（図 2）。

1960（昭和35）年時点では米英両国よりも高かった日本の IMR はその

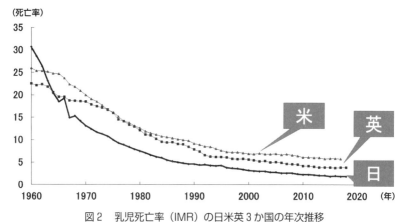

図 2　乳児死亡率（IMR）の日米英 3 か国の年次推移

日米英 3 カ国の乳児死亡率（IMR）の年次推移をグラフにあらわした。1960（昭和35）年の時点では日本のIMR は米英よりも高いものの、その後逆転し、日本は米英よりも IMR は低くなっている。近年では IMR 以外に 5 歳以下死亡率（U5MR）も指標として頻用されているが、こちらも日本の数値は優秀である。

後の10年で急速に低下、現在では米英に大きく水をあけて低値を示しております。

　2014年版厚生労働白書によると、「終戦直後の我が国は、社会情勢の悪化や相次ぐ海外からの引揚げ等により、急性感染症が大規模に流行した。この時期の我が国にとっては急性感染症対策が最も緊急かつ重要な課題であった。このため、厚生省では、GHQ の強い指示もあって、終戦後、進駐軍によってもたらされた予防接種に関する進歩的医学を採り入れ、緊急感染症対策として行政措置による予防接種を広範に実施することとした」とあります。（著者注：GHQ ＝ General Headquarters、「連合国軍総司令部」の略）

　予防接種の普及だけでなく、高度な上下水道の整備、安定した電力供給、高水準の医療への良好なアクセス、衛生思想の普及と真面目な国民性が相まって、日本の感染症対策、そして公衆衛生対策を成功させてきたと言えましょう。

4 「保健所法」から「地域保健法」へ

　1949年に制作された映画「新らしい保健所」（表記ママ）には終戦直後のモデル保健所であった東京の杉並保健所が登場、管内で日本脳炎が発生

図3　家屋の消毒を行う保健所の職員（下記より筆者キャプチャ）
出典：動画「新らしい保健所」（http://www.phcd.jp/03/about/）
制作／連合軍総司令部 民間情報教育局、厚生省

して防疫活動に奮闘する職員の姿が収められています。

　この「新らしい保健所」の動画は、全国保健所長会のウェブサイトでも見ることができます。「保健所法」時代の保健所の姿を現代に伝える貴重な史料です。当時はテレビが普及しておらず、映画館などでこのような啓発映画が上映されていたといいます。

　さて、保健所法時代の保健所と現代の保健所はどこが変わったのか。保健所法と地域保健法での定義による保健所の「しごと」を対照表にしたのが表1です。

保健所法(昭和22年)	地域保健法
第二条　保健所は、左に掲げる事項につき、指導及びこれに必要な事業を行う。	第六条　保健所は、次に掲げる事項につき、企画、調整、指導及びこれらに必要な事業を行う。
一　衛生思想の普及及び向上に関する事項	一　地域保健に関する思想の普及及び向上に関する事項
二　人口動態統計に関する事項	二　人口動態統計その他地域保健に係る統計に関する事項
三　栄養の改善及び飲食物の衛生に関する事項	三　栄養の改善及び食品衛生に関する事項
四　住宅、水道、下水道、汚物掃除その他の環境の衛生に関する事項	四　住宅、水道、下水道、廃棄物の処理、清掃その他の環境の衛生に関する事項
	五　医事及び薬事に関する事項
五　保健婦に関する事項	六　保健師に関する事項
六　公共医療事業の向上及び増進に関する事項	七　公共医療事業の向上及び増進に関する事項
七　母性及び乳幼児の衛生に関する事項	八　母性及び乳幼児並びに老人の保健に関する事項
八　歯科衛生に関する事項	九　歯科保健に関する事項
	十　精神保健に関する事項
	十一　治療方法が確立していない疾病その他の特殊の疾病により長期に療養を必要とする者の保健に関する事項
十　結核、性病、伝染病その他の疾病の予防に関する事項	十二　エイズ、結核、性病、伝染病その他の疾病の予防に関する事項
九　衛生上の試験及び検査に関する事項	十三　衛生上の試験及び検査に関する事項
十一　その他地方における公衆衛生の向上及び増進に関する事項	十四　その他地域住民の健康の保持及び増進に関する事項

表1　1947（昭和22）年の保健所法と現行の地域保健法との比較

保健所の機能を記載した保健所法（旧法）の第二条条文と地域保健法第六条の条文を左右で対照にした。一部の号数が新旧で入れ替わっている。また、地域保健法の五号・十号・十一号は保健所法では該当する定義がない。用語が更新された部分に下線を引いた。なお、地域保健法には必置機能を記載した「六条」以外に必要に応じて実施できる事業を記載した「七条・八条」もある。

　「地域保健」「歯科保健」「老人の保健」など「保健」という言葉が多く見られるようになったことに気付かれるかと思います。感染症についての記載は、旧法の十号、新法の十二号に記載があります。旧法では「結核・性病・伝染病その他」と記載されていますが、新法では「エイズ・結核・性病・伝染病その他」と冒頭に「エイズ」の例示がなされています（旧エイズ予防法＝「後天性免疫不全症候群の予防に関する法律」は1989（平成元）年施行）。その後、各保健所でHIVの無料検査が行われたことから、

保健所＝無料エイズ検査と連想される方もおられるでしょう。

　若干脱線しますが、旧法で「保健婦」と記載されていたのが、新法では「保健師」となったのも時代の趨勢でしょう。現在ではかなりの数の「男性保健師」が行政の現場で活躍しています。「厚生労働省　就業保健師・助産師・看護師・准看護師統計」によると2008年に447人だった男性保健師は2018年には1352人になっています。

5 「伝染病予防法」から「感染症法」へ

　さて、保健所の巻き込まれた大きな潮流の一つ目は、「保健所法」から「地域保健法」への改正であると申しました。二つ目の大きな潮流となったのが、地域保健法の施行から遅れること数年、「伝染病予防法」から「感染症法」への改正でした。

　ここで言う「感染症法」というのはあくまでも通称であり、正式な名称は「感染症の予防及び感染症の患者に対する医療に関する法律」というとても長い名前の法律です。この法律は1998（平成10）年に公布され、翌年4月1日に施行されました。それと同時に1897（明治30）年からおよそ100年にわたって施行されてきた「伝染病予防法」は歴史上の遺産となりました。

　この「伝染病予防法」時代があまりにも長かったことが、人々の保健所のイメージを固定化させるのに大きな役割を果たしたと筆者は考えています。年配の読者の方なら、「法定伝染病」「届出伝染病」という言葉に聞き覚えがあるかもしれません。この「法定伝染病」というアイコンこそが、旧伝染病予防法を象徴する言葉だったのではないかと思います。

　1999（平成11）年施行の通称「感染症法」ですが、やや複雑な生い立ちを経ています。旧「伝染病予防法」「エイズ予防法」「性病予防法」を引き継いで成立した「前期」、その後、「結核予防法」をも取り込んだ「後期」に分けられるかと思います。したがって、現在は「結核予防法」という名前の法律は存在しません。これらの諸法律の再編の経過を図4に示してみ

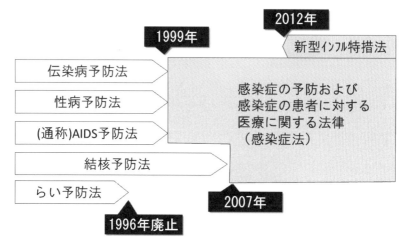

図4　感染症関係の法律の変遷

感染症法成立の前に「らい予防法」が廃止された。そして、伝染病予防法・エイズ予防法・性病予防法の３法を「感染症法」に集約した。その後、結核予防法を統合し、法律の規模は大きな「新・感染症法」となった。さらにその後2009年に流行した新型インフルエンザ流行の際の反省から、2012年に「新型インフルエンザ等特別措置法」が制定された。今回の新型コロナの「緊急事態宣言」は「感染症法」ではなく、「特別措置法」を根拠としている。

ました。

　旧伝染病予防法での「法定伝染病」という用語は、感染症法では「一類感染症」「二類感染症」などに変わりました。それぞれの類型によってとることのできる法的な手段が厳密に決められています。たとえば、「三類感染症」では就業制限が可能ですが、１ランク下の「四類感染症」では就業制限ができません。「腸管出血性大腸菌感染症」ならば就業制限ができますが、「HIV感染症」では就業制限はできないわけです。このように、法改正によって公的な関与ができる範囲を最小限にとどめているのです。

　表２に旧伝染病予防法の「法定伝染病」のリストを示しましたが、旧法で「法定伝染病」として強力な措置を行っていた疾病のうち、いくつかは四類・五類に分類されており、現在の法体系では就業制限の対象ですらないということがお分かりいただけると思います。

　法律の建て付けを見ますと、古い法体系では感染症の対策は「とにかく社会防衛」一辺倒だったのが、法改正を経て「社会防衛」と「患者の人権

伝染病予防法上の法定伝染病	感染症法での呼称・別称	感染症法での分類
痘瘡	天然痘	一類
ペスト		一類
ジフテリア		二類
コレラ		三類
赤痢	細菌性赤痢	三類
腸チフス		三類
パラチフス		三類
発疹チフス		四類
日本脳炎		四類
流行性脳脊髄膜炎		五類
猩紅熱		なし

表2　伝染病予防法での「法定伝染病」と現在の感染症法での類型

　旧伝染病予防法では11種の疾病が「法定伝染病」として定義されていた。表の左にはその疾病を、右には現在の感染症法の体系でどのように扱われているかを示している。疾病単位・呼び方も時代で変化しており、完全に対応しているわけではない。いま世界的に問題になっている「エボラ出血熱」などは一切記載されていない。また、制定当時の医療水準で定義しているので、現在のように治療が進歩してその脅威が著しく減退した「猩紅熱」（溶連菌感染症）が「法定伝染病」になっていた。

への配慮」のバランスをとる方向に進んでいると言えます。感染症法における保健所機能の重要な点は、強制措置よりもサーベイランス（感染症の調査）に重心が移動したことだと言えます。そのため、旧来の強権的な保健所を知っている世代の人は、コロナ禍で「これだけの疫病が流行っているのに保健所は何もしてくれない！」と金切り声で電話をかけてくるわけです。

6 感染症の減少による業務のシフト

　「保健所法」から「地域保健法」へ、「伝染病予防法」から「感染症法」へ、という二つの法改正の潮流との関係で保健所の仕事がシフトしてきたことを示してきましたが、これらと同様、またはそれ以上のインパクトをもたらしたものが疾病構造の変化です。より具体的に言えば、感染症全体の大幅な減少、さらにピンポイントに言えば結核の減少です。

　図5は結核の罹患率の年次変化を示しています。「罹患率」というのは、

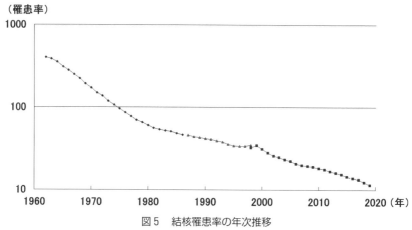

（罹患率）

図5　結核罹患率の年次推移

1962（昭和37）年から2019（令和元）年までの結核の罹患率をグラフ形式で表示したもの。縦軸は対数目盛表示となっている。途中、統計方法の変更でグラフが一部断絶しているが、ほぼ一貫して減少傾向にあることがわかる。1962（昭和37）年で402.35だった罹患率が2019（令和元）年には11.5になっている。比率でいうとおよそ35分の1になっている。この値が10以下になると結核の「低蔓延国」になるが、日本はあと一息のところにいる。

人口10万人に対して何人くらいの新規患者が一年間に発生するかという指標で、たとえば罹患率30という場合、人口が10万人の都市の場合は年間30例、100万人の都市の場合は300例の新規発生があることを示します。

　このグラフは横軸が西暦年、縦軸が罹患率ですが、対数目盛になっています。横軸は1962（昭和37）年からですが、この年の罹患率は402.35という数字が残っています。それがつるべ落としのように減少して、2019（令和元）年には11.5にまで減少しています。1962（昭和37）年との比でみると実に35分の1にまで結核が減少したと言えましょう。これだけ結核が減少すれば、結核対策を主眼としてきた職員を感染症以外にシフトさせるという発想に当然なるわけです。

7　コロナ禍で保健所から見える風景

　さて、いままでかなりの紙幅を費やして、保健所のおかれてきた周辺環境や法律の変化について書いてきました。なぜか。それは、現在の保健所

のコロナをめぐる「苦労」のかなりの部分が、「昔の保健所のイメージ」にとらわれた市民の認識と現実とのギャップに由来しているからです。

　高齢者の知識データベースが上書き保存に対応していないのかもしれませんが（これは高齢者の入り口に立つ自分にとっても「他山の石」でありますが）、昔の「保健所法」＋「伝染病予防法」の強烈コンボのイメージで固定された高齢者からの電話への応対処理で、多くの保健所が疲弊を強いられました。曰く、「保健所に検査を受けに行く」「なぜ保健所で検査してくれない」「患者が出た家を保健所が消毒しろ」といった具合です。

　これはおそらく全国的に医療資源が圧倒的に不足している時代に、その不足部分を保健所でカバーしようという旧法の建て付けがあったこと、HIV の検査をやっているのだから感染症の検査は保健所だろうという発想によるものと想像できます。確かに、旧保健所法下では保健所でいろいろな検査をやっていました。しかし、それらはすでに法改正によって縮小され、前述の HIV 検査や一部の結核の検査（IGRA 検査など）などが残っているにすぎないのです。

　現在の保健所には旧い市民の思っているような「機能」はもはやほとんどありません。だからこそ「機能の強化」が叫ばれているわけです。ただ、この「強化すべき機能」が旧来の「保健所法」時代の機能を指しているならば、それはいささか的外れであると言えます。新たに期待されている機能、たとえばサーベイランス機能を強化すべきであることまで理解して「保健所機能の強化」と言っている人がどれくらいいるのかは、想像の域を出ません。その精神も「社会防衛」一辺倒だった時代から「患者の人権とのバランス」へと大きくシフトしたことは、法改正のところで説明したとおりです。

　一方、どこの自治体もコロナ以前から財政的には厳しく、保健所だけでなくすべての部門で厳しい行政改革・人員削減がありました。ましてや今回のコロナ禍で多くの自治体が財政上未曾有の深手を負っています。そのため他部門を差し置いて保健所の「ヒト・モノ・カネ」だけが一気に潤沢になるとも思われません。仮に可能だったとしても、専門知識を有する職

員を短期間に増やすこともできません。それならば、多少なりとも保健所のスタッフに温かい視線を注いでくだされば、「もう少し頑張れるかな」という思いにもなりましょう。

今回の「保健所機能の強化」の大合唱、どこが着地点になるのか、もうしばらくは様子を見ていかねばなりませんが、保健所については「その性質の変容に市民感覚が追い付いていない」部分が多分にあるのではないかと思われます。

8 おわりに

自らの浅学非才を顧みず、今回のコロナ禍から見える保健所の風景について説明してみました。今回のコロナ禍では、「いままで先送りにしてきた矛盾点」や「そのうち誰かがやってくれるだろう」と他人任せにしていたことが一気に表面化した（させられた）感じがします。

2020（令和2）年9月時点でまだ当分コロナ収束の途は見えませんが、昼夜を分かたず奮闘している保健所の職員（今は常勤職員だけではなく、非常勤職員も多数活躍しています）へ少しでも温かなまなざしを向けていただければ幸いです。

コロナ禍で明らかになった新しい労働問題と時代遅れの支援制度

● 井上政幸（井上政幸社会保険労務士事務所長）

1971年北海道生まれ、國學院大學文学部卒業。アウトソーシング企業にて給与計算業務に携わったのち、2013年社会保険労務士登録（東京都社会保険労務士会）。銀行業務検定協会年金アドバイザー 2 級。

1 コロナ後も続くテレワーク化の流れ

　新型コロナウイルス感染症の防止に向けた対策として、テレワークを導入した企業が大幅に増加しました。東京都産業労働局が2020年 5 月に実施した「テレワーク導入率緊急調査」によると、政府による緊急事態宣言が発令された 4 月 7 日を前後してテレワーク導入率が劇的に増加していることが分かります（本稿では「テレワーク」は在宅勤務を想定しています）。

　3 月調査では「導入している」が24.0％、「今後予定あり」は5.0％でしたが、 4 月調査ではこの両者を合わせた数値の倍を超える62.7％ が「導入している」との回答でした（図 1 ）。また、同調査では、小企業の導入率が54.3％ であるのに対して大・中堅企業では79.4％ と、事業規模の大

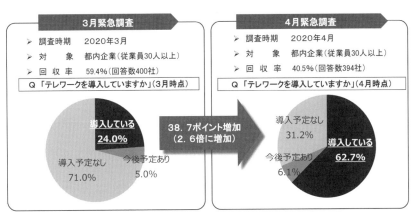

図 1　テレワーク「導入率」緊急調査結果
都内企業（従業員30 人以上）のテレワーク導入率は 、3 月時点と比較して大幅に増加

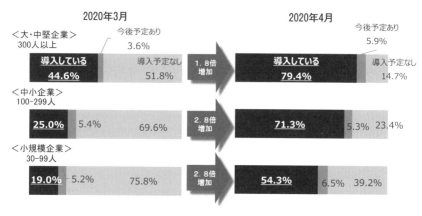

図2　テレワーク「導入率」緊急調査結果（従業員規模別）
企業規模が大きくなるにつれて、導入率も高くなる。

きい企業ほどテレワーク導入率が高いことを示しています（図2）。なお、
小規模企業であるほど、逆に拙速とも言える急増ぶりが目立つのですが、
それについては後述します。

　さらに、緊急事態宣言が解除された後については、東京商工会議所が6
月17日に調査結果を発表した「テレワークの実施状況に関する緊急アン
ケート」があります。ここでは、テレワークの導入割合は67.3％であり、
テレワーク化の流れはコロナ対策のみならず永続的に進むと考えた方が良
いでしょう。

　そもそも、東京都しごと財団が7月31日まで申請を受け付けていた「事
業継続緊急対策（テレワーク）助成金」は、テレワークに要する機器の購
入・リース、またクラウドサービス等の利用料などについて250万円を限
度に100％助成するものでしたが、その申請条件には「2020TDM 推進プ
ロジェクト」に参加していることが含まれていました。同プロジェクトは、
「2020東京オリンピック・パラリンピック」に向けて、休暇の計画的な取
得、時差出勤及び店舗営業時刻の変更や休業などとともにテレワークの導
入を企業に促すものであり、当初は新型コロナウイルス感染症対策とは無
関係なものでした。

　オリンピック・パラリンピックのスポンサー企業ほど、大会期間中の時

差出勤やテレワーク実施への準備を昨年度から進めており、結果的に新型コロナウイルス感染症対策としてのテレワーク化にも中小企業と比較してスムーズに対応できたのだと言えるでしょう。

　本稿では、テレワーク化の流れがコロナ後も続いていくことを見据えながら、テレワーク導入に際して考えておくべき労務管理上の問題について述べてみたいと思います。

2 テレワークにおける労務管理上の問題

(1)労働時間の把握

　最も問題となるのは、労働者の労働時間を企業が完全に把握できるのか、という点であることは明白です。テレワーク中の従業員が、例えば育児など自らの都合で所定労働時間とされている時間以外に労働していた場合、企業が労働時間を管理していなければすべての時間が労働時間と認定されてしまい、労働者からの未払い賃金の請求によって会社の存続に関わる重大な事態を招きかねません。

　注）なお、労働基準法第38条の２にて定められている「事業場外労働のみなし労働時間制」は、（外回りの営業などのために）企業の具体的な指揮監督が及ばず、労働時間の算定が困難な場合、一定の条件のもとで何時間働いたとしても、あらかじめ決められた時間働いたものとする制度です。しかし、通信手段が発達している現在では、労働時間の管理が困難であることは認められない可能性が非常に高くなっています（そのほかに、企業の具体的な指示に基づいて業務を行っていないことも、当然必要とされます）。

　テレワークであったとしても、労働時間の勤怠管理は企業の義務です（労働基準法108条、労働基準法施行規則第54条、労働安全衛生法66条の８の３）。厚生労働省「労働時間の適正な把握のために企業が講ずべき措置に関するガイドライン」（2017年１月20日策定）では、「労働時間とは企業の指揮命令下に置かれている時間であり、企業の明示又は黙示の指示により労働者が業務に従事する時間は労働時間に当たること」とされています。ただし、厚労省「テレワークにおける適切な労務管理のためのガイドライン」（2019年１月。以下、「ガイドライン」という）では、一定の条件のもとで、下記３点をすべて満たす場合には、自己申告による時間を労働時間と扱わなくても良いとされています。

・時間外等に労働することについて、企業から強制されたり、義務付けられたりした事実がないこと。

・仕事量から判断し、企業からの黙示の指揮命令がある残業ではないこと。

・残業時間にメールが送信されていたり、時間外等に労働しなければ生み出し得ないような成果物が提出されたりしている等、時間外等に労働を行ったことが客観的に推測できるような事実がなく、企業が時間外等の労働を知り得なかったこと。

　もっとも、これらを適用するには、就業規則に、残業労働、休日労働及び深夜労働は事前申請または事後報告とする旨が記載されていなければなりません。

　また、労働時間の自己申告制は、労働者による適正な申告を前提として成り立つものです。企業が、労働者が自己申告できる労働時間の上限を設けたり、労働者による実態通りの申告を妨げるような措置を行ったりすることは禁止されています。

(2)「中抜け」

　在宅勤務は出勤に要する時間が基本的には存在しません。その分、時間的な余裕が生まれることとなりますが、子育て中の従業員であるならば、保育園への登園時間やお迎えの時間を出勤時間にしばられない形で変更することも可能となるでしょう。子育て中の従業員に限らず、在宅勤務の結果として、少なくとも通勤時間分の自由時間が増加すると考えられます。

　この労働時間の「中抜け」により、労働者の自由度は高まるものの、企業の立場からすると、労働時間の管理、把握を適切に行わなければ、前述のとおりすべての時間が労働時間と判断されてしまい、「要らぬ」出費と紛争を作ってしまうことになってしまうのです。

　そこで、中抜け時間について、企業は業務の指示をせず、自由な利用を保障することを前提に、次の2点を定めることで、問題なく柔軟な働き方を実現することが可能になります。

・中抜け時間を報告させ、休憩時間として扱うことで、始業終業時刻を繰り上げ、繰り下げする。

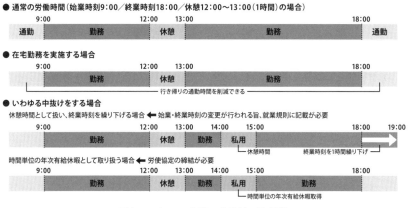

図3　テレワーク時の中抜けの取扱例

・中抜け時間を時間単位の年次有給休暇として扱う。

　図3は「ガイドライン」から引用しましたが、最初の例では、14時から1時間、中抜けをすることで、所定終業時刻を1時間繰り下げることで労働者の選択肢が増え、企業にとっても残業代を支払う必要がなくなります。2番目の例は、14時から1時間中抜けをした時間を、時間単位の年次有給休暇の取得として扱った例です。ただし、時間単位の年次有給休暇を導入するためには、就業規則に記載するだけではなく、年に5日が上限であり、さらに労使協定の締結が必要となります（労働基準法第39条の4）。

　したがって、中抜けの場合には、始業時間を繰り上げる、もしくは終業時間を繰り下げる方が、手続きの面でも労働者のメリットになると考えます。

(3)水道光熱費等

　テレワークを定常的に実施することで、通勤手当が実費精算となることには考慮が及ぶでしょうが、前述したように、中小企業におけるテレワークの導入は、多くの場合、準備なく危急であったことから、水道光熱費や通信費の労働者負担分については考慮されておらず、モヤモヤしている労働者も少なくないでしょう。

　GMOペパボ株式会社では、全社員対象の「リモートワーク手当」とし

て、光熱費と通信費を支給することにしました。さらに、オフィス勤務で利用していたデスクやチェアの無償貸与も開始しています。また、カルビー株式会社は7月1日から「Calbee New Workstyle」を開始し、在宅勤務が継続して可能であるとした従業員に対しては単身赴任を解除することにしました。

テレワークの増加にともなって考えるべき費用としては、前述したとおり、インターネット・携帯電話の通信費、情報通信機器等の購入費、個人でサテライトオフィスを利用する場合の利用料、デスクやチェアの準備費用、通勤定期代などが考えられますが、これらの費用をどこまで企業が負担するのか、それぞれをどのように算出して企業に請求するのかを決めなければなりません。ただし、労働者に食費、作業用品等を負担させる場合には、就業規則に規定する必要があるので注意が必要です（労働基準法第89条第5号）。

以上、テレワークの普及における労務管理上の3つの問題について列挙しました。しかし、繰り返しになりますが、そもそもテレワークや時差出勤はオリンピック・パラリンピックに向けて用意されていたものであり、大企業ならば準備は比較的進んでいたでしょうが、特に中小企業はコロナ禍でなし崩しに導入を進めたため、明確なルールがないことが多いと推測されます。経営状況が厳しい中、さらに労働紛争を抱えてしまうことで、業務の継続が不可能となってしまう恐れがあるため、労使ともに納得のいくルールを作成していかなければなりません。

３ 新たな働き方に向けた社内風土づくりを

最後に、新型コロナの流行が続こうが収束しようが、オリンピック・パラリンピックや「働き方改革」のため、テレワークの普及の流れはもう止まりません。テレワークをスムーズに定着させるためのポイントは、①制度を設計すること、②インフラを整備すること、③社内での風土づくり、です。

　今回は①について重点的に述べましたが、①②の2点だけでは、社内でテレワークはなかなか定着しないと思われます。テレワークはやむを得ない場合の緊急避難や、育児介護のための福利厚生的なものではありません。新しい働き方の「選択肢」であるとの共通認識を、労使ともに持つべきです。

　特に上層部の意識改革が必須でしょう。中間管理職以上は、部下に自身の目の届かないところで労働されることについて、内心恐怖を抱いている人間も多いと思われるため、インフラを整備する時にはそうした不安を払拭する目的で行うべきでしょう。

4 雇用調整助成金をめぐる混乱

　コロナ禍に対処するための助成金・補助金・給付金が、2月から7月にかけて、国や自治体から五月雨式に打ち出されました。不透明な業務委託費の問題も指摘された持続化給付金、5月に開始された家賃支援給付金など種々の制度が実施されましたが、その中でも雇用調整助成金は頻繁に特例が発表され、混乱や批判を招きました。

　以下、次々に打ち出された雇用調整助成金の特例を列挙しました。

　2月14日　中国と取引のある企業、北海道事業所の特例
　2月28日　新型コロナウイルス感染症の影響を受けた全事業に対象を拡大
　3月4日　中小企業の助成率を80％に引き上げ
　3月10日　4月に入社する新卒新入社員を対象に追加
　3月28日　緊急対応期間（4月1日から6月30日）は中小企業の助成率を90％に引き上げ。さらに雇用保険被保険者ではない労働者も対象に追加
　4月10日　記載事項の簡略化、添付書類の削減
　5月1日　都道府県知事の要請に基づき休業した場合には100％助成
　5月19日　中小事業主の記載事項、添付書類をさらに大幅簡略化し、緊急対応期間を9月30日まで延長

6月12日　1人当たり助成額を1日あたり8300円から1万5000円へ増
　　　　額、解雇をしなかった場合100％助成
8月23日　申請期間の延長

　これでもすべてではないのですが、公共職業安定所職員は明らかに混乱
しており、蛇足ですが、社会保険労務士がこれほどまで注目されたことも
初めてでした。少なくとも2020年12月31日までは現行の支給基準で行うこ
とが決定しており、現在進行形ではありますが、雇用調整助成金の振り返
りをしてみたいとます。

5　中小零細企業の実情にそぐわない制度

　まず、アメリカ以外の欧米先進国は、雇用調整助成金に類似した雇用維
持型助成金を実施していました。すなわち、「クビを切らずに」給付金を
支給し、コロナ禍の収束と労働市場の正常化を図るものです。厚生労働省
が雇用調整助成金で危機を凌げると考えていたことも、2月時点の眼で見
るならば妥当だったと考えられます。
　しかし、4月、5月と進むにしたがって、"申請書類が煩雑である上、
添付書類が膨大で、申請そのものにたどり着けない""支給決定件数もそ
の中のわずか数パーセントに満たない"との批判が巻き起こりました（た
だし、助成金一般の審査期間としては決して時間はかかりすぎていません）。
　2008年のリーマン・ショックや、この助成金が作られるきっかけになっ
た石油ショックでは、大企業が中心であったためこのような手続きに対応
できるリソースも社内に存在したでしょうが、今回のコロナ禍では中小零
細企業が主な対象であるため、経営者は社会保険労務士の手を借りなけれ
ば申請できません。しかも、そのような企業では出退勤管理をそもそもし
ていないケースもあり、それがボトルネックになっていた点などを見ると、
雇用調整助成金はすでに「時代遅れ」の助成金であったことが判明しまし
た（リーマンショック時の特例で不正が相次いだために、より厳格になっ
た面もあります）。

6　一斉休校要請による休業問題

　また、安倍晋三内閣総理大臣（当時）は２月27日、全国すべての小学校、中学校、高等学校、特別支援学校について、３月２日から春休みまでの臨時休業を要請しました。それにともない、特に小学校、特別支援学校に通う子どもを持つ親は、会社を欠勤することを余儀なくされることとなりました。その場合、年次有給休暇を「取らせる」企業が多く出ましたが、年次有給休暇の時季指定権は労働者にあり、会社から「取れ」ということは原則的にできません。また、そもそも年次有給休暇のない労働者も多くいます。

　そこで、厚生労働省は小学校休業等対応助成金なる助成金を新設し、企業が子どもの学校等の休業のために欠勤を余儀なくされる労働者に対して通常の年次有給休暇と同額かつ別枠の特別休暇を与えた場合、その同額を助成することとしました（上限は１日当たり8330円）。ただ、国は企業に対して、この休暇を取得させるよう義務付けることはできません。現実に株式会社サイゼリヤは、１日2000円の独自の「特別休暇」を実施し、前記助成金を受けられなくなってしまったため、労働組合は団体交渉に及ぶ事態になりました。

　なぜ、小学校休業等対応助成金を企業は申請しようとしなかったのか。手続きが煩雑であったことは述べたとおりですが、大きな理由は「雇用維持型」の範疇で考えられた助成金であるため、労働者を解雇や退職させないことが前提となっていること、すなわち企業は一旦人件費を「持ち出し」しなければならない点にありました。

7　「みなし失業」特例の見送りと休業支援金

　一方、５月になり、申請の煩雑さや支給の遅れ、「持ち出し」が発生することについての批判から、国が直接労働者へ休業給付を支給する制度の創設が要請されるようになりました。５月７日、日本弁護士連合会は激甚

災害法第25条の特例にならって、労働者が実際に離職していなくても、あるいは再雇用を約した一時的な離職の場合であっても、労働者が失業したものとみなして失業給付を行える、いわゆる「みなし失業」の採用を要請しています。

　政府でも「みなし失業」の採用には前向きな発言があり、実際に検討したと言われていますが、あくまで大震災風水害の「激甚災害」と今回の感染症に対する都道府県の営業自粛要請とは性格が異なると判断したのでしょう、最終的には、雇用調整助成金を申請していない中小企業の従業員を対象とし、賃金の８割相当額を直接給付するという内容の新型コロナウイルス感染症対応休業支援金・給付金（以下、「休業支援金」という）が2020年度通常国会で成立し、７月から受付が開始されました。

　しかし、この休業給付金には、労働基準法との関係上、大きな問題が存在します。問題は、概要（図４）の「休業中に賃金（休業手当）を受けることができなかった」という部分です。休業手当は労働基準法第26条において、「企業の責に帰すべき事由による休業の場合においては、企業は、休業期間中当該労働者に、その平均賃金の百分の六十以上の手当を支払わなければならない」と定められていますが、この休業給付金は、労働者が

概要
新型コロナウイルス感染症及びそのまん延防止の措置の影響により休業させられた中小企業の労働者のうち、休業中に賃金（休業手当）を受けることができなかった方に対して、当該労働者の申請により、新型コロナウイルス感染症対応休業支援金・給付金を支給する。

主な内容
1　対象者
令和２年4月1日から12月31日までの間に事業主の指示を受けて休業（休業手当の支払なし）した中小企業の労働者
2　支援金額の算定方法
休業前の１日当たり平均賃金 × 80% × （各月の日数 (30日又は31日) － 就労した又は労働者の事情で休んだ日数） ① １日当たり支給額（11,000円が上限）　　　② 休業実績
3　手続内容
① 申請方法：　郵送、オンライン 　（労働者本人からの申請のほか、事業主を通じて（まとめて）申請することも可能） ② 必要書類：(i) 申請書、(ii)支給要件確認書※ 　(iii)本人確認書類、(iv)口座確認書類、(v)休業開始前賃金及び休業期間中の給与を証明できるもの、 　※ 事業主の指示による休業であること等の事実を確認するもの。事業主及び労働者それぞれが記入の上、署名。 　　事業主の協力を得られない場合は、事業主記入欄が空欄でも受付（この場合、法律に基づき労働局から事業主に報告を求める。）。
4　実施体制等
○ 都道府県労働局において集中処理 ○ 問い合わせを受け付けるコールセンターを設置

図４　新型コロナウイルス感染症対応休業支援金・給付金（概要）

132

休業手当を支払われなかったことのみを条件としており、当該休業が「企業の責に帰すべき事由」にあたるかどうかについては曖昧にされています。つまり、企業が労働基準法第26条違反を犯している状態を前提とした設計となっているのです。

8 休業手当をめぐる混乱

　一般的に、天変地異などの不可抗力による休業は労働基準法第26条の休業手当を支払う必要はないとされているため、例えば、都道府県知事の休業要請や休業協力によって労働者を休業させた時に休業手当を支払う必要があるかどうかについて、「労働者を休業させる場合であっても、労使がよく話し合って、休業中の手当の水準、休業日や休業時間の設定等について、労働者の不利益を回避する努力をお願いします」と「お願い」に留まっているのです（厚生労働省「新型コロナウイルスに関するQ&A（企業の方向け）」より）。

　一方、労働基準法第26条における休業手当支払義務のある企業が、休業手当を支払わなかったために、労働者が休業手当を受け取れなかったときに、この休業支援金を受給したからといって、当該企業の休業手当支払義務は消滅しません。つまり、労働者にとっては、休業支援金を受給しつつ、休業手当も請求できるという「二重取り」の状態となっているのが現実です。違法状態を黙認した上でのこの助成金制度は、確かに緊急時ではあるものの、企業の側は「では、いったい何をすれば良いのか」と混乱してしまうでしょう。

　今回の特例給付は従前の助成金とまったく別物となってしまったことは明らかです。国には、「時代遅れ」の雇用調整助成金は使命を終えたものとして廃止すること、休業給付金を恒久化する場合には企業の休業手当支払義務を免責する、または今回見送った雇用保険の「みなし失業」特例を広げるなど、労使ともに早急に判断や受給ができる制度を構築することを求めたいところです。

新型コロナの病院経営への影響

● 宮澤綾子（税理士、コンサルタント）

AGS 税理士法人。税理士、医療経営士１級、介護福祉経営士１級、診療報酬請求事務能力検定試験合格。

　新型コロナウイルス感染症は、日常生活のみならず、企業や個人事業主の事業活動に多大な影響を及ぼしています。そのため、2020年４月30日に成立した補正予算、５月27日の第二次補正予算に基づく政府の緊急経済対策をはじめ、各省庁や関係機関でも企業や個人事業主に対する様々な支援策が設けられています。

　本稿では、新型コロナウイルス感染症による医療機関の経営への影響に触れ、政府の企業や個人事業主、医療機関に対する支援策についてまとめています。医療機関の現状をご認識いただき、事業活動の一助になれば幸いです。

1 新型コロナが直撃した病院経営

　2020年８月６日に日本病院会、全日本病院協会、日本医療法人協会の３病院団体による「新型コロナウイルス感染拡大による病院経営状況の調査（2020年度第１四半期）−結果報告−」が公表されました。それによれば、４月から５月にかけて入院・外来ともに患者数が大幅に減少し、６月には患者数は戻ってきたものの、前年同月までの医業収益、医療利益率には到達していない結果となっています。

　コロナ患者受入状況における経営指標の比較における医業利益率の推移（2019年と2020年の％の差）を見ると、コロナ患者入院未受入病院が４月：△7.1％、５月：△7.7％、６月：△3.6％（図１）であるのに対し、コロナ患者入院受入・受入準備病院が４月：△12.4％、５月：△14.8％、

6月：△7.1％（図2）となっています。さらに、一時的外来閉鎖・病棟閉鎖病院では4月：△16.8％、5月：△20.0％、6月：△10.5％（図3）と医療利益率の悪化が大きいことが分かります。

（単位：千円）	4月分 n=922 平均病床数：185			5月分 n=918 平均病床数：186			6月分 n=948 平均病床数：192		
	2019年4月	2020年4月	前年比	2019年5月	2020年5月	前年比	2019年6月	2020年6月	前年比
医業収益	265,621	250,086	-5.8%	271,701	240,691	-11.4%	287,814	278,933	-3.1%
入院診療収入	180,610	173,880	-3.7%	185,733	170,225	-8.3%	195,214	189,599	-2.9%
外来診療収入	70,654	63,599	-10.0%	71,218	59,447	-16.5%	74,889	74,271	-0.8%
健診・人間ドック等収入	4,395	2,682	-39.0%	5,073	2,112	-58.4%	6,692	4,960	-25.9%
室料差額・その他医業収入	9,962	9,925	-0.4%	9,676	8,907	-8.0%	11,019	10,104	-8.3%
医業費用	259,462	261,956	1.0%	260,417	249,244	-4.3%	299,662	300,368	0.2%
医薬品費	37,230	37,558	0.9%	31,953	28,930	-9.5%	35,301	36,606	3.7%
診療材料費	22,655	22,220	-1.9%	20,342	17,723	-12.9%	22,702	22,784	0.4%
給与費	137,954	140,083	1.5%	143,813	143,106	-0.5%	174,248	174,333	0.0%
その他経費	61,623	62,095	0.8%	64,309	59,486	-7.5%	67,410	66,645	-1.1%
医業利益	6,159	-11,870		11,284	-8,553		-11,848	-21,435	
医業利益率	2.3%	-4.7%		4.2%	-3.6%		-4.1%	-7.7%	

図1　コロナ患者受入状況における経営指標の比較（コロナ患者入院未受入病院）
（新型コロナウイルス感染拡大による病院経営状況の調査（2020年度第1四半期）-結果報告-）
一般社団法人日本病院会、公益社団法人全日本病院協会、一般社団法人日本医療法人協会

（単位：千円）	4月分 n=485 平均病床数：419			5月分 n=489 平均病床数：416			6月分 n=459 平均病床数：418		
	2019年4月	2020年4月	前年比	2019年5月	2020年5月	前年比	2019年6月	2020年6月	前年比
医業収益	986,621	876,315	-11.2%	972,891	803,989	-17.4%	988,310	932,322	-5.7%
入院診療収入	643,230	573,027	-10.9%	635,957	528,954	-16.8%	643,466	595,260	-7.5%
外来診療収入	299,073	269,231	-10.0%	293,859	246,121	-16.2%	292,971	293,697	0.2%
健診・人間ドック等収入	12,525	6,294	-49.7%	14,433	4,886	-66.1%	17,313	12,869	-25.7%
室料差額・その他医業収入	31,793	27,763	-12.7%	28,642	24,028	-16.1%	34,560	30,496	-11.8%
医業費用	976,937	976,403	-0.1%	936,235	892,921	-4.6%	1,064,215	1,070,483	0.6%
医薬品費	196,975	194,366	-1.3%	166,509	151,604	-9.0%	168,805	176,018	4.3%
診療材料費	120,407	111,285	-7.6%	106,254	85,137	-19.9%	110,775	106,360	-4.0%
給与費	444,947	452,455	1.7%	457,266	457,032	-0.1%	570,083	573,337	0.6%
その他経費	214,608	218,297	1.7%	206,206	199,149	-3.4%	214,552	214,768	0.1%
医業利益	9,685	-100,088		36,656	-88,932		-75,905	-138,161	
医業利益率	1.0%	-11.4%		3.8%	-11.1%		-7.7%	-14.8%	

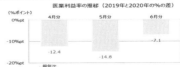

図2　コロナ患者受入状況における経営指標の比較（コロナ患者入院受入・受入準備病院）
（新型コロナウイルス感染拡大による病院経営状況の調査（2020年度第1四半期）-結果報告-）
一般社団法人日本病院会、公益社団法人全日本病院協会、一般社団法人日本医療法人協会

（単位：千円）	4月分 n=205 平均病床数：393			5月分 n=210 平均病床数：406			6月分 n=152 平均病床数：413		
	2019年4月	2020年4月	前年比	2019年5月	2020年5月	前年比	2019年6月	2020年6月	前年比
医業収益	907,496	774,363	-14.7%	949,338	740,525	-22.0%	976,505	885,993	-9.3%
入院診療収入	584,789	501,062	-14.3%	615,041	478,381	-22.2%	631,104	553,648	-12.3%
外来診療収入	278,615	241,438	-13.3%	290,991	236,274	-18.8%	295,378	291,088	-1.5%
健診・人間ドック等収入	12,416	5,261	-57.6%	13,921	3,185	-77.1%	16,382	11,034	-32.6%
室料差額・その他医業収入	31,675	26,602	-16.0%	29,385	22,685	-22.8%	33,641	30,222	-10.2%
医業費用	902,057	899,880	-0.2%	914,411	861,433	-5.8%	1,062,165	1,056,910	-0.5%
医薬品費	187,275	185,194	-1.1%	165,541	147,604	-10.8%	171,247	174,228	1.7%
診療材料費	109,713	97,284	-11.3%	101,519	75,467	-25.7%	107,429	98,368	-8.4%
給与費	409,204	417,376	2.0%	449,056	447,685	-0.3%	581,102	580,759	-0.1%
その他経費	195,865	200,026	2.1%	198,295	190,676	-3.8%	202,387	203,554	0.6%
医業利益	5,439	-125,518		34,927	-120,907		-85,661	-170,916	
医業利益率	0.6%	-16.2%		3.7%	-16.3%		-8.8%	-19.3%	

図3　コロナ患者受入状況における経営指標の比較（一時的外来・病棟閉鎖病院）
（新型コロナウイルス感染拡大による病院経営状況の調査（2020年度第1四半期）-結果報告-）
一般社団法人日本病院会、公益社団法人全日本病院協会、一般社団法人日本医療法人協会

② 大病院のクラスターと感染対策

　国内で最大規模のクラスターとなった永寿総合病院（東京都台東区、400床）では、地域の中核病院として新型コロナウイルスの流行初期から感染者を受け入れてきました。同病院のアウトブレイクは3月20日前後の発熱者の多発から明らかとなり、3月24日に「新型コロナウイルス感染症患者発生に伴う休診について」のお知らせを公表し、25日より外来診療、入院受入を停止することになりました。その後、5月26日より予約再診患者に限定し外来再開、その後も順次診療を再開し、6月8日に予定入院・手術、11日に紹介初診外来、16日に救急外来（9時〜17時、22日には夜間帯救急外来の再開）、8月1日には産婦人科での分娩が再開されました。永寿総合病院では受入停止から3ヵ月に渡り、収入の多くが断たれていることとなります。

　上記の例から、病院経営の視点からも感染対策が重要なことが分かります。感染症を発生させない、また発生した際には拡大を最小限に抑えるための対応が必要です。

　厚生労働省では7月31日に「医療機関における院内感染対策のための自

主点検等について」の事務連絡を通知し、院内感染拡大防止のため「平時からの新型コロナウイルス感染症発生に備えた体制整備を行っておくことが重要であり、体制整備が行えているか医療機関ごとに自主点検を行うことが有用である。」として、都道府県等に医療機関における自主点検の実施を促しています（自主点検を行う際は、6月19日付事務連絡別添1の「医療機関における新型コロナウイルス感染症発生に備えた体制整備及び発生時の初期対応について」および5月1日付事務連絡の別添資料「新型コロナウイルス感染症発生に備えた体制整備」等を活用のこと）。院内で感染が確認された場合は、自治体や保健所の指示に従うことになりますが、院内で発生した場合の対応策、再開までのプロセスについてはシミュレーションしておくことが必要です。

3 より厳しい診療所の経営

　診療所経営への影響については、9月9日の日本医師会定例記者会見において中川俊男会長から「新型コロナウイルス感染症の診療所経営への影響 2020年4月〜6月分」の調査報告がありました。

　報告では、医業収入対前年同月比が4月：△15.4%、5月：△16.5%、6月：△8.0%となっています（図4）。また、主な診療科別の対前年同期比（2020年4〜6月平均）では、内科の△10.7%に対し、耳鼻咽喉科が△34.5%、小児科が△26.0%と減少が大きい結果となっています（図5）。小児科の収入減少の原因としては、保育園や学校が休校となったことにより風邪をひく子が減ったこと、風邪症状があっても医療機関に受診することでの感染リスクを恐れて来院を控える親が多かったことが考えられています。

　医業収入の減少が著しい診療所の割合は耳鼻咽喉科が高く、前年同月に比べ医業収入が30%以上減少した月がある診療所が89.4%、50%以上減少した月がある診療所が41.5%に上りました（図6）。そのため、公的支援制度である持続化給付金についても、支給要件（売上が前年同月比で50%

以上減少）を満たした上で「申請した」あるいは「申請予定」である診療
所の割合が併せて42.6％と他の診療科よりも高くなっています（図７）。

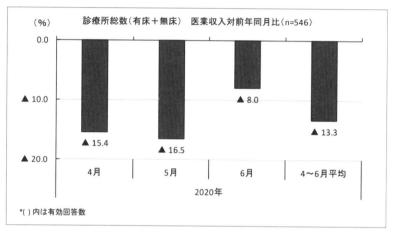

図4　医業収入対前年同月比（2020年4・5・6月の変化）
医業収入の対前年同月比は、2020年4月▲15.4%、5月▲16.5%、6月▲8.0%であった。
（新型コロナウイルス感染症の診療所経営への影響 2020年4月～6月分）公益社団法人日本医師会

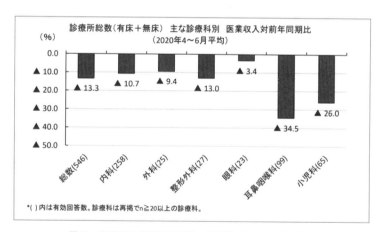

図5　医業収入対前年同期比（2020年4 ～ 6月平均）
2020年4 ～ 6月の医業収入対前年同期比は、総数では▲13.3%、内科では▲10.7%、耳鼻咽喉科では▲
34.5%、小児科では▲26.0%であった。
（新型コロナウイルス感染症の診療所経営への影響 2020年4月～6月分）公益社団法人日本医師会

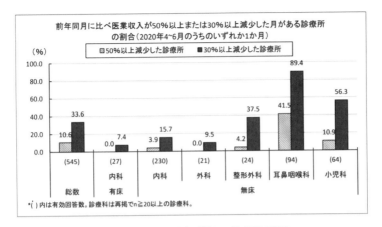

図6　医業収入の減少が著しい診療所の割合

　耳鼻咽喉科では、前年同月に比べ医業収入が30%以上減少した月がある診療所が9割近くに達し、50%以上減少した月がある診療所は4割を超えている。

　小児科では、前年同月に比べ医業収入が30%以上減少した月がある診療所が6割近くあるが、50%以上減少した月があるのは約1割であり、半数近くはぎりぎりのところで持続化給付金の要件に該当しない。

（新型コロナウイルス感染症の診療所経営への影響 2020年4月～6月分）公益社団法人日本医師会

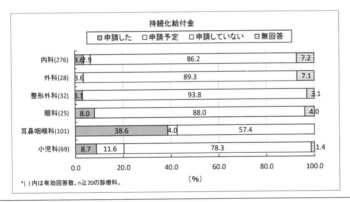

図7　持続化給付金の申請状況

　持続化給付金の支給要件は医業収入50%以上減少とハードルが高いことから、耳鼻咽喉科以外ではあまり申請が進んでいない。

（新型コロナウイルス感染症の診療所経営への影響 2020年4月～6月分）公益社団法人日本医師会

小児科では、前年同月に比べ医業収入が30％以上減少した月がある診療所が56.3％、50％以上減少した月がある診療所は10.9％となっています。持続化給付金の申請状況も20.3％（「申請した」および「申請予定」）に留まっています。

4 さまざまな病院支援策

2020年度第一次補正予算は1兆6381億円が追加され、そのうち医療提供体制の整備を支援するために創設された「新型コロナウイルス感染症緊急包括支援交付金」は1490億円でした（図8）。同交付金は、①入院患者を受け入れる病床の確保、消毒等の支援、②入院医療機関における人工呼吸器、体外式膜型人工肺（ECMO）、個人防護具、簡易陰圧装置、簡易病室等の設備整備、③重症患者に対応できる医師、看護師等の入院医療機関への派遣等に交付することとされました。

5月27日に閣議決定された第2次補正予算では総額4兆9733億円が追加され、そのうちウイルスとの長期戦を戦い抜くための医療・福祉の提供体

○　新型コロナウイルス感染症の事態長期化・次なる流行の波に対応するため、新型コロナウイルス感染症緊急包括支援交付金を抜本的に拡充し、新型コロナ対応を行う医療機関に対する支援と併せて、その他の医療機関に対する支援を実施することにより、都道府県における医療提供体制の更なる整備や感染拡大防止等を推進する。
【実施主体】都道府県（市区町村事業は間接補助）　【補助率】国10/10
※　補正予算成立後、本年4月に遡って適用

新規事業の追加　11,788億円
・重点医療機関（新型コロナウイルス感染症患者専用の病院や病棟を設定する医療機関）の病床の確保
・重点医療機関等における超音波画像診断装置、血液浄化装置、気管支ファイバー等の設備整備
・患者と接する医療従事者への慰労金の支給
・新型コロナウイルス感染症疑い患者受入れのための救急・周産期・小児医療機関の院内感染防止対策
・医療機関・薬局等における感染拡大防止等のための支援

既存事業の増額　3,000億円　※このほか、一次補正の都道府県県負担分（1,490億円）を二次補正において国費で措置
・入院患者を受け入れる病床の確保、医療従事者の宿泊施設確保、消毒等の支援
・入院医療機関における人工呼吸器、体外式膜型人工肺（ECMO）、個人防護具、簡易陰圧装置、簡易病室等の設備整備
・軽症者の療養場所の確保、自宅療養者の情報通信によるフォローアップ
・帰国者・接触者外来等におけるHEPAフィルター付き空気清浄機、HEPAフィルター付きパーテーション、個人防護具、簡易診療室等の設備整備
・重症患者に対応できる医師、看護師等の入院医療機関への派遣
・DMAT・DPAT等の医療チームの派遣
・医師等が感染した場合の代替医師等の確保
・新型コロナウイルス感染症対応に伴う救急医療等地域医療体制の継続支援、休業等となった医療機関等の再開等支援
・外国人が医療機関を適切に受診できる環境の整備
・帰国者・接触者相談センターなど都道府県等における相談窓口の設置
・患者搬送コーディネーター配置、広域患者搬送体制、ドクターヘリ等による搬送体制の整備
・都道府県における感染対策に係る専門家の派遣達体制の整備
・地方衛生研究所等におけるPCR検査機器等の整備

図8　新型コロナウイルス感染症緊急包括支援交付金
（2020年度補正予算案）厚生労働省

制を確保するものとして同交付金が2兆2370億円へ拡充されました（図9、図10）。新たに介護・障害福祉も交付金の対象とし、コロナ患者を受け入

事業内容

　新型コロナウイルス感染症への対応として緊急に必要となる医療提供体制の整備等について、地域の実情に応じて、柔軟かつ機動的に実施することができるよう、都道府県の取組を包括的に支援するための交付金を創設する。

【令和2年度補正予算案】公費2,972億円、うち国費1,490億円
【国と地方の負担割合】国1／2、地方1／2

事業メニュー

・入院患者を受け入れる病床の確保、消毒等の支援
・入院医療機関における人工呼吸器、体外式膜型人工肺（ECMO）、個人防護具、簡易陰圧装置、簡易病室等の設備整備
・重症患者に対応できる医師、看護師等の入院医療機関への派遣
・DMAT・DPAT等の医療チームの派遣
・医師が感染した場合の代替医師の確保
・帰国者・接触者外来等におけるHEPAフィルター付き空気清浄機、HEPAフィルター付きパーテーション、個人防護具、簡易診療室等の設備整備
・新型コロナウイルス感染症対応に伴う救急医療等地域医療体制の継続支援、休業等となった医療機関の再開等支援
・外国人が医療機関を適切に受診できる環境の整備
・軽症者の療養体制の確保、自宅療養者の情報通信によるフォローアップ
・帰国者・接触者相談センターなど都道府県等における相談窓口の設置
・患者搬送コーディネーター配置、広域患者搬送体制、ドクターヘリ等による搬送体制の整備
・都道府県における感染症対策に係る専門家の派遣体制の整備
・地方衛生研究所等におけるPCR検査機器等の整備　　　　　　　　　等

図9　新型コロナウイルス感染症緊急包括支援交付金（医療分）

（2020年度第二次補正予算案）厚生労働省

○ 介護サービスは高齢者やその家族の生活を支え、高齢者の健康を維持する上で不可欠。
○ 今後は、感染による重症化リスクが高い高齢者に対する接触を伴うサービスの特徴を踏まえ、最大限の感染症対策を継続的に行いつつ、必要なサービスを提供する体制を構築する必要。
○ そこで、必要な物資を確保するとともに、感染症対策を徹底しつつ介護サービスを再開し、継続的に提供するための支援を導入。
○ また、新型コロナウイルスの感染防止対策を講じながら介護サービスの継続に努めていただいた職員に対して慰労金を支給する。

事業内容

1　感染症対策の徹底支援
○感染症対策を徹底した上での介護サービス提供を支援【事業者支援】
（感染症対策に要する物品購入、外部専門家等による研修実施、感染発生時対応・衛生用品保管等に柔軟に使える多機能型簡易居室の設置等の感染症対策実施のためのかかり増し費用）
○今後に備えた都道府県における消毒液・一般用マスクの備蓄や緊急時の応援に係るコーディネート機能の確保等に必要な費用【都道府県支援】

2　介護施設・事業所に勤務する職員に対する慰労金の支給
○ 新型コロナウイルス感染症が発生又は濃厚接触者に対応した施設・事業所に勤務し利用者と接する職員に対して慰労金（20万円）を支給
○ 上記以外の施設・事業所に勤務し利用者と接する職員に対して慰労金（5万円）を支給

3　サービス再開に向けた支援
○ ケアマネジャーや介護サービス事業所によるサービス利用休止中の利用者への利用再開支援（アセスメント、ニーズ調査、調整等）等

4．都道府県の事務費

補助額等
実施主体：都道府県
補助率：国 10／10

事業の流れ

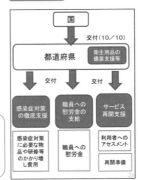

図10　新型コロナウイルス感染症緊急包括支援交付金（介護分）

（2020年度第二次補正予算案）厚生労働省

れていない医療機関などへの支援も拡充されています。

　第2次補正予算で拡充された新規事業として、重点医療機関・協力医療機関に対し、ICU1床あたり30.1万円／日、HCU1床あたり21.1万円／日、その他1床あたり5.2万円／日が支給されることになりました。また、「新型コロナウイルス感染症対応従事者慰労金交付事業」は、都道府県から役割を設定された医療機関等で患者と接して勤務する医療従事者や職員に対し、慰労金として最大20万円を給付するものです。同事業は対象医療機関が代理申請、受領をするため、一定の事務負担が発生することになります。

　上記の交付金のほか、医療・福祉事業者への資金繰り支援の拡充として365億円が追加されています。医療福祉機構の医療貸付事業における融資限度額は、病院が7.2億円（無担保貸付3億円）、老健施設・介護医療院が1億円（無担保貸付1億円）、診療所などが4000万円（無担保貸付4000万円）となっています（図11）。同貸付事業は9月15日の改正により貸付条件がさらに拡充されることとなりました。

医療・福祉事業に対する無利子・無担保等の危機対応融資の拡充

令和2年度 第二次補正予算案：1兆3,200億円（財政融資資金）/328億円（政府出資金）/2.2億円（運営費交付金）

実施主体	事業内容
独立行政法人 福祉医療機構	新型コロナウイルス感染症の影響が長期化する中、（独）福祉医療機構による無利子・無担保等の優遇融資を行うために必要な財政融資資金を積み増すとともに、無利子・無担保枠の拡充などの支援策を強化する。

拡充内容

○ 医療機関等における融資の利用が進んでいるため、貸付原資を1兆3,200億円積み増す（3,844億円⇒1兆7,044億円）とともに、（独）福祉医療機構に対して328億円の政府出資（41億円⇒369億円）を行い、財政基盤を強化する。あわせて、審査体制の拡充を行う。
○ 無利子・無担保での融資枠を拡大するとともに、医療貸付における貸付限度額の引き上げを行う。

優遇融資

福祉貸付	優遇融資	（参考）通常融資
融資率	100%	70～80%
限度額	なし	なし
無担保	6,000万円／新型コロナウイルス感染者が出たことによる休業等により減収となった入所施設（地域密着型を除く）1億円	－
貸付利率	当初5年間 6,000万円まで：無利子 6,000万円超の部分は0.200% ≪6年目以降≫0.200%／新型コロナウイルス感染者が出たことによる休業等により減収となった入所施設（地域密着型を除く）当初5年間 1億円まで：無利子 1億円超の部分は0.200% ≪6年目以降≫0.200%	0.801%
償還期間	15年以内	1年以上3年以内
据置期間	5年以内	6ヶ月以内

医療貸付	優遇融資	（参考）通常融資
融資率	100%	70～80%
限度額	病院7.2億円・老健・介護医療院1億円、それ以外の施設4千万円又は「当該医療機関等の前年同月からの減収の12か月分」の高い方	老健1千万円、診療所300万円
無担保	①コロナ対応を行う医療機関「病院3億円、診療所4,000万円」又は「当該医療機関等の前年同月からの減収の6か月分」の高い方 ②政策医療を担う医療機関「病院3億円、診療所4,000万円」又は「当該医療機関等の前年同月からの減収の3か月分」の高い方 ③①・②以外の施設：病院3億円、診療所4,000万円、それ以外の施設4,000万円	－
貸付利率	当初5年間 ①～③まで：無利子／①～③超の部分は0.200% ①コロナ対応を行う医療機関「病院1億円、診療所4,000万円」又は「当該医療機関等の前年同月からの減収の2か月分」の高い方 ②政策医療を担う医療機関「病院3億円、診療所4,000万円」又は「当該医療機関等の前年同月からの減収の1か月分」の高い方 ③①・②以外の施設：病院1億円、老健・介護医療院1億円、それ以外の施設4,000万円 ≪6年目以降≫0.200%	0.801%
償還期間	15年以内	1年以上3年以内
据置期間	5年以内	6ヶ月以内

図11　医療・福祉事業に対する無利子・無担保等の危機対応融資の拡充
（2020年度第二次補正予算案）厚生労働省

　医療機関の資金調達については、福祉医療機構の他、日本政策金融公庫、商工組合中央金庫、民間金融機関（保証協会）の活用も考えられます。福祉医療機構の場合の医療機関の事業規模、必要融資額、融資までのスピード感や貸付条件を鑑み、優先順位を決めていくと良いでしょう。

	融資条件
償還期間 （据置期間）	**15 年以内** **（5 年以内）**
貸付利率	当初 5 年間　病院 1 億円（2 億円）・老健・介護医療院 1 億円、診療所 4,000 万円（5,000 万円）・助産所・医療従事者養成施設・指定訪問看護事業 4,000 万円まで無利子 　　但し、①コロナ対応を行う医療機関については、「病院 1 億円（2 億円）、診療所 4,000 万円（5,000 万円）」または「当該医療機関の前年同月からの減収 2 か月分」の高い方まで無利子 　　②政策医療を担う医療機関については、「病院 1 億円（2 億円）、診療所 4,000 万円（5,000 円）」または「当該医療機関の前年同月からの減収 1 か月分」の高い方まで無利子 　　※当該金額を超えた部分は 0.2% 6 年目以降　0.2%
貸付金の限度額	「病院 7.2 億円（10 億円）・老健・介護医療院 1 億円、診療所 4,000 万円（5,000 万円）・助産所・医療従事者養成施設・指定訪問看護事業 4,000 万円」または「当該医療機関の前年同月からの減収の 12 か月分」の高い方
無担保貸付	病院 3 億円（6 億円）、老健・介護医療院 1 億円、診療所 4,000 万円（5,000 万円）・助産所・医療従事者養成施設・指定訪問看護事業 4,000 万円まで無担保 　　但し、①コロナ対応を行う医療機関については、「病院 3 億円（6 億円）、診療所 4,000 万円（5,000 万円）」または「当該医療機関の前年同月からの減収の 6 か月分」の高い方まで無担保 　　②政策医療を担う医療機関については、「病院 3 億円（6 億円）、診療所 4,000 万円（5,000 万円）」または「当該医療機関の前年同月からの減収の 3 か月分」の高い方まで無担保

※1　貸付利率は福祉貸付事業、医療貸付事業とも令和 2 年 9 月 1 日現在のものです。
※2　医療貸付事業（長期運転資金）の貸付利率欄、貸付金の限度額欄、無担保貸付欄の括弧内の金額は、前年同月と比較して医業収益が 30％以上減少した月が 1 月以上ある医療機関に適用される金額です。

図12　新型コロナウイルスの感染により事業停止等となった事業者に対する福祉医療貸付事業の対応について（一部改正）
福祉医療機構

● 林　謙治（医師、介護老人保健施設「清らかの里」施設長）

1971年千葉大学医学部卒業。1975年同大学大学院社会医学系修了。医学博士。厚生省国立公衆衛生院
母性小児衛生学部研究員、米国イェール大学医学部公衆衛生学科研究員、国立保健医療科学院副院長
などを経て、2009年国立保健医療科学院長。2020年4月より「清らかの里」施設長。

感染症

日本の新型コロナ流行の1年を振り返る

1 日本の初期対応とイタリアの感染拡大の意外なルート

　2020年1月、日本で初の新型コロナウイルス感染者が出て、2月にはクルーズ船での集団感染が発生、さらに中国からの輸入例が問題となり、中国からの帰国者には一時滞在する宿泊所が用意され、隔離策が取られました。隔離策は防疫の手段としてもっとも古く、すでに14世紀の記録において、ペストなどの感染者が発生した外国から入港する船の乗客を40日間上陸させない方策がとられていました。検疫の英語であるQuarantine（クオランティン）の語源は「40日間」という意味から来ています。

　どこの医療機関や高齢者施設でも、中国からの帰国者や旅行者に焦点を絞り、受診の方法、場所や面会について特別な工夫がなされていました。感染者のスクリーニングは中国との往来と臨床症状の有無を目安にPCR検査の厳しい制限を課せられ、医療従事者についても例外ではありませんでした（PCR検査の制限の原因については後述）。

　その後、感染は意外にもイタリアで急速に拡大しました。しかし、なぜ中国で発生した感染症がイタリアにまっさきに広がったのかについては不明のままです。ただ香港や台湾系のSNSネットワークで興味深い分析がありました。

　イタリアでの感染拡大は北部ロンバルジア州に端を発していると報道されており、直接のきっかけは同州ミラノ市の近隣にあるサッカー場で行われた欧州チャンピオンズリーグの決勝トーナメントの1回戦であるといい

ます。対戦したのはイタリアのアタランタ・ベルガモとスペインの FC バ
レンシアでした。サッカー場には４万４千人のファンが詰めかけ、熱狂の
あまりラテン系の情熱に任せて男女の区別なく抱擁、キッスの嵐が吹き荒
れました。ところが試合後に風邪症状、肺炎患者が激増し、はじめてコロ
ナ感染が意識されるようになったというのです。

　イタリアにおける感染の震源地はロンバルジア州の隣のトスカナ州です。
トスカナ州のプラトは、中国系住民が集中している地域です。彼らはかつ
てフランスから移住してきた人が多く、その後、家族を呼び寄せ、あるい
は知人たちが中国本土から移り住むようになったそうです。プラトは浙江
省温州の人が中心の町です。ここのチャイナタウンは中国人の間では「温
州城」と呼ばれています。

　実は、温州は武漢に次いで中国で２番目にコロナのロックダウンが施行
されたところです。中国の旧正月である春節に帰省したプラトの温州人が
コロナに感染して持ち帰って来たとしても不思議ではない。中国では温州
商人は古くからユダヤ商人に比せられるほど商売熱心であり、フランスや
イタリアで修得したブランド製品の製造技術はたちまち温州に持ち込まれ、
多くのコピー商品を産出するようになったことはよく知られています。現
在もミラノファッションの多くがプラトで生産されています。イタリア政
府は「Made by China in Italy」と揶揄されることを恐れて発表をため
らったのではないか。真偽のほどは分かりませんが、日本のマスコミには
イタリアの感染爆発の理由について詳しい解説はありません。

２ 新型コロナウイルスとは何か

　ここで、新型コロナとは何か、どんな対策が必要なのか、をあらためて
整理しておきます。

　コロナウイルスは風邪を引き起こすウイルスの一種で、風邪の80 ～
90％はウイルスに起因しています。もっとも多いのはライノウイルスによ
るもので30 ～ 40％。次に多いのがコロナウイルスで約10％であり、この

２種類で約半分を占めています。そのほかにインフルエンザウイルス、アデノウイルス、コックサッキーウイルスなどがあります。ウイルス以外にも肺炎球菌など細菌性のものもあります。

　コロナウイルスに「新型」と名付けるのは、今までとは異なった遺伝子配列を持っているという意味であり、すなわち従来のウイルスが変異したことを指しています。変異するとウイルスが作り出すたんぱく質の種類が違ってくるので毒性がそれによって異なってきます。

　ウイルスの分類ではもう一つの基準があります。それは外側に殻（エンヴィロープ）があるかどうかです。この殻は脂質でできているのでウイルスが消化管を通過する際に十二指腸の胆汁に溶けてしまい大腸に達しにくい。コロナウイルスは殻を持っているので消化管を通過しにくい。そのために下痢など消化器症状が現れることが少なく、呼吸器症状が前面に出てきます。その点、ノロウイルスやロタウイルスは殻を持たないので容易に大腸まで到達し、激しい消化器症状が現われるのです。

　ちなみに、コロナウイルスの殻は脂質でできています。脂を除去するアルコール消毒が有効であるのはそのためです。逆にノロウイルスは脂質の殻を持っていないためにアルコール消毒は意味を持たず、次亜塩素酸を使用するのです。コロナ感染予防のために手洗いとアルコール消毒を求められるのはこうした理由からです。

③ 新型コロナウイルスの検査について

　流行した当初から世界中で最も使われた検査方法は「PCR（Polymerase Chain Reaction）検査」です。この方法は、ウイルスの遺伝子を検査室で温度条件を変えながら、いくつかの操作を経て遺伝子配列を増幅（増やすこと）させたうえで検出するのです。ある程度の量がなければ検出が難しいのです。新型コロナウイルスの遺伝子配列は武漢の研究所からすでに発表されているので、同じものだと判断できます。通常、咽頭のぬぐい液から検体を採取します。これが陽性に出るということはウイルスが付着し

ていることを意味しますが、その人が発病していることを必ずしも意味しません。よく無症状感染と言われるケースのなかにはこれが該当します。PCR陽性に加えて臨床症状があったり、血液検査やCT検査などで特徴的な所見があったりすれば、感染した確率が非常に高いと言えるのです。

　次によく知られている検査は「抗体検査」です。病原体に感染してしばらくすると血液のなかに抗体ができ、病原体を中和する作用があります。感染初期の1週間以内にまずあらわれるのがIgM抗体であり、これはやがて消えますが、次にあらわれるのがIgG抗体です。これは比較的に長く持続しますが、ウイルスの種類によって持続期間が違います。いずれにしても感染しないと抗体というものはできてこない。

　さらに、一番遅く出回った検査に「抗原検査」というのがあります。これは咽頭や唾液などから採取したウイルス検体の抗原を検出します。動物にコロナを感染させて、できた抗体を人間から採取したウイルスの抗原を結合させて検出するのです。

　一般の人にとっての関心事は、自分が今、感染しているのかどうか、あるいは過去に感染したのかどうかです。しかし、実際にはなかなか複雑です。PCR検査だけでは、現在感染しているかどうかはわからないのです。やはり、抗原検査もしくは抗体検査でIgM抗体やIgG抗体の有無を調べることとの組み合わせによって、より正確に現状を把握できるのです。

　この際、理解していただきたいことは、医療は診断にせよ、治療にせよ、客観的な方法で行いますが、生体反応は一人ひとり異なるということです。同じ対応をしたからといって同じ結果が得られるわけではなく、多くの人に同じような反応が出れば正しい、もしくは適切とするのです。未来医学では一人ひとりにあった医療を目指しています。これをテーラーメイド医療と言い、注文服と同じ言い方です。また、診断・治療方法が客観的といっても技術は人が扱うものですし、機器などにも精度の限界があります。コロナの診断もこうしたジレンマから逃れられないのです。

4 政府の対応への批判を考える

　日本の新型コロナウイルス対策はクルーズ船の集団発生に始まり、それに続いて中国からの帰国者に焦点が絞られました。厚生労働省には専門家会議が設けられ、さまざまな提言が行われました。当初からクラスターの発生が注目され、PCR 検査も集中して行われました。当初 1 日 4 万件の検査能力があると発表されたものの、クラスターに絞られていたためか数百件程度であったことから大きな社会不安を引き起こしました。検査受付の窓口の保健所にも批判が向けられました。

　当時の医療体制を説明しますと、第一に保健所が検査を絞らざるを得なかったのは医療機関の受け入れ体制が整っていなかったためです。感染者を入院させる時には、病院環境の整備、スタッフの訓練、医療機器の整備等の問題がありました。また感染症法に規定されている二類感染症という「しばり」があって、隔離策、入院、就業制限、消毒を求められます。二類感染症はポリオ、結核、ジフテリア、SARS、鳥インフルの 5 疾患のほかに特に感染力が強いと推定される新しい感染症にも適用されます。

　マスコミでは保健所の怠慢という論調もありましたが、それは当たりません。実際問題、フル回転しても手続きが間に合わないのです。かつて保健所は全国で900か所近くありましたが、結核などの感染症が減少し、高齢者保健、母子保健などの業務が市町村に移管されたことから、およそ半分に削減されたのです。それが緊急事態宣言により突然、二類感染症としての大量業務の処理を要請され、対応しきれなかったのが実態です。今後同様な事態が起きたときにどうするかが残された大きな課題です。

　米国のような疾病管理予防センター（CDC）の創設が提案されていますが、筆者は CDC に研究留学した経験があり、そのような巨大規模の施設を日本に作ることはとうてい可能とは思えません。もう少し現実に合った規模で考えていく必要があります。CDC は米国国内の感染症だけを扱っているのではなく、世界規模の感染症情報をモニタリングしており、研究を行っています。それ以外に慢性疾患についても積極的に取り組んで

います。東京都にも独自に CDC を作る動きがありますが、構想段階にあるものの、規模も内容もアメリカの CDC とはかなりイメージが異なると言わざるを得ません。

　しかし、新型コロナであるがゆえに不明のことが多いのはやむを得ないとしても、政府の取り組みは不明の部分ははっきりと不明と発表することを躊躇していました。マスコミがそのあいまいさを必要以上に報じて、人々の不安を拡大させたことも反省材料です。そうした不安が行動化した一例として、飲食業店の営業制限がバラバラだったことに対し、いわゆる自粛警察といわれる民間人による嫌がらせが横行しました。戦前の隣組制度のような地域での相互監視システムや、国策に反すると目される人を非国民として官憲に通報するような風潮。高齢者にはかつての人権侵害の風景と二重写しになったと思います。

5　臨床診断と治療の問題点

　新型コロナが蔓延し始めた2020年３月18日に出された厚労省の「新型コロナ治療ガイドライン第１版」の大要にはこう書いてありました。

　「初期症状は普通のカゼと同様であり、80％の感染者は軽症のまま治癒しており、残りの20％は感染後１週間ないし10日以内に呼吸困難、咳、痰が出現し、２～３％は10日以降に人工呼吸管理が必要になる。」

　つまり呼吸困難や咳はある程度病気が進んだ時の症状だということです。これは細菌性肺炎でも同じ順序で進みます。コロナウイルスに特有な肺炎症状は空咳であり、間質性肺炎に進行したためです。空咳は少なくとも初期症状ではないので、初期のスクリーニングには役に立ちません。

　同ガイドラインで引用している血液検査の成績から判断すると、新型コロナ感染でもインフルエンザ肺炎と同様、細菌との混合感染のパターンがあり、これが重症患者の感染形態の一つとなっています。したがって、PCR 検査結果を待つまでもなく抗生物質の投与が必要です。これで救命できた患者も少なくないはずです。

しかし、このことは厚労省の治療ガイドライン第1版が発表された時点でデータから読み取れたはずなのに、3月から4月にかけてウイルスの治療薬がないということで細菌性肺炎が臨床症状として前面に出ていることを指摘した意見はほとんどみかけませんでした。これは残念でした。

　細菌感染が起きやすい理由の一つは、人工呼吸器の使用と関係しています。ウイルス性肺炎のために呼吸困難を起こしている症例では、人工呼吸器の使用により装着器具と気道のすき間から細菌が侵入し、細菌性肺炎を合併しやすいことはよく知られています。

　もう一つの別の理由は、高齢者で糖尿病等の病気を持っている場合に重篤化しやすいことが指摘されています。このことは、いわば免疫力の低下を意味しています。したがって免疫系の暴走（サイトカインストーム）に見舞われやすいし、予備能力の低い全身臓器はたちまちその機能を失うことになります。

　これに対応するためには、細菌性肺炎に有効とされる抗生物質に加えて、マクロライド系の抗生物質アジスロマイシンの同時投与が推奨されます。アジスロマイシンは抗生物質の作用に期待するのではなく、免疫調整剤としての効能が十年以上前から知られています。これによりサイトカインストームを抑制することが期待されます。

　こうした知識は呼吸器の専門家はすでに持ち合わせていますが、一般医師には必ずしも普及していないので、あまりにも多数の患者の発生に対応しきれなかったのではないかと思われます。

　厚労省の新型コロナ治療ガイドライン第2版（9月3日）では、重症患者にデキサメタゾンの投与を推奨しています。これ自体は適切な推奨であり、問題はありません。マスコミではあたかも新薬が登場したかのような報道がありましたが、デキサメタゾンはすでに認可されているステロイド製剤であり、高度の炎症に対するステロイドの投与は臨床の場面では珍しいことではありません。

6 重要な高齢者の感染予防

　コロナ感染者の世代比率は、時期の経過とともに、若者から中高年、さらに高齢者へと徐々に増え、死亡数も比例しています。2020年の秋まで、感染者数の80％は50歳以下であり、20代がもっとも多く30％弱を占めています。すなわち、活動的な年齢層では罹患率が高くて死亡数が少なく、それほど活動的ではない高年齢層では罹患数が必ずしも多くないが死亡数は多いという状況が見てとれます。

　なかでも糖尿病や高血圧などの内分泌、循環器疾患の罹患者はとりわけ死亡リスクが高いことが知られています。このことからわかるように、全体の死亡数を減らすためには高齢者の感染予防がキーとなります。

　このような現象は日本ばかりでなく、欧米諸国はじめ多くの国に共通した現象です。イタリアやスウェーデンのように人口当たりの死亡数が多い国では、死亡の大半は高齢者施設から発生していることが報告されています。日本が世界的に見て全体の死亡数が少ない理由は、少数の例外を除いて、高齢者施設で流行当初からきわめて厳しい予防策がとられてきたためです。消毒の徹底、職員の感染防止への体制づくり、面会謝絶の順守などです。

　日本では約90万人の高齢者が施設に入所していると言われます。国内では医療崩壊などいろいろ政府に対する批判はありますが、それでも以前から医療機関の統廃合がかなり進んでいるイタリアや、所得格差が大きいうえに公的健康保険制度がほとんどないために医療へのアクセスが多くの人々にとってきわめて困難なアメリカなどに比して、医療環境は整っていると言えるでしょう。繰り返しますが、新型コロナ対策で重要なのは、高齢者の死亡をいかに減らすかです。

7 妊産婦への健康影響

　新型コロナの流行当初は「妊婦は感染しやすく、重症化しやすい」とい

う推定が強調されていたため、妊婦は特に精神的ストレスを被っていました。2020年4月の時点で妊産婦に関連する専門3団体がすでに声明を出しておりました。日本生殖学会は「コロナ感染の急速な拡大の危険がなくなるまで不妊治療の延期を」。日本産婦人科学会では「妊婦さんのご本人と医療スタッフの感染リスクを避けるため、帰省分娩と分娩付き添いは推奨しません」。日本産婦人科医会は「両親学級などの保健指導は延期になりますが、市町村が細かい支援を行うこと。そして妊婦であるからよけいに症状が重くなることがなく、そして赤ちゃんへの感染はわずかで明らかなリスクは報告されていない」。日本産婦人科学会・日本産婦人科医会の共同声明では「帰省分娩は一律に好ましくないということではなく、里帰り分娩する場合は早めにお帰りになり、2週間の健康観察を自宅でして受診することは構いません」などでした。

　これらの声明は妊産婦の不安に対応するために出されたものです。しかし、実際、ある程度の混乱は見受けられたようです。例えば、里帰り先で分娩予約をしていても、自治体や地域では、なるべく帰って来ないで欲しいと要望される。一方で、今まで妊婦健診を受けていた都会の産科施設に出産入院の予約をしていない、あるいはもとより無床診療所であったりすれば、もう本人は大混乱です。

　市町村の健診事業、産科施設のサービス等はなるべく最小限に止めたいという意向が働いていたこともあり、多くの妊婦が強いストレスにさらされたに違いありません。妊娠中や産後の相談、保健指導や様子観察はオンラインサービスを整備する方向で対応するところが多く、受診や分娩については感染予防の体制づくり、消毒、医療機関同士のネットワークの構築を通して役割を分担することでやって来たようです。初産婦だけではなく、上の子がいる場合には幼稚園、学校が休園・休校になり、また、夫も在宅テレワークなどの時間が長くなり、一家そろって閉じこもることになった家庭もたくさんありました。

　そのほか具体的な調査はまだ見当たらないものの、児童虐待、十代妊娠、あるいは自殺などが報じられています。新型コロナと妊産婦、家族。さま

ざまな問題が浮き彫りになり、解決すべき課題は多いと思います。

コラム

結婚予定の若いカップルにも影響

　コロナ禍は、結婚を予定している若いカップルにも影響を与えています。2020年1 ～ 5月までの厚労省の人口動態統計速報における婚姻件数を見ると、2017 ～ 2019年の同期間の平均婚姻件数（25万件）と比べて約6万件減少しています。年間14万件減少する勢いです。

　また、5月までの結婚式場の予約取り消し件数は民間統計によれば16万件を超えていて、コロナ倒産した結婚式場もあります。婚外子が少ない日本においては、来年以降の出生数が激減するおそれがあり、一気に70万人台に突入するかも知れません。このこと自体による社会的インパクトは小さくないはずです。

アメリカ社会と新型コロナ対策

● 藪下ももこ（名古屋大学国際開発研究科博士課程、看護師）
　フィリピン文化や宗教に着目した思春期のリプロダクティブヘルス研究に従事。また、海外研究者と紀伊半島における ALS の研究に携わるなど、社会医学を中心とした幅広い分野で研究活動をしている。

1 渡米と現地での生活

　私がアメリカのメリーランド州に来たのは2020年7月3日でした。日本ではちょうど新型コロナウイルス感染症の第一波が落ち着いたころ。新型コロナの影響で、中部国際空港からアメリカへの直行便は一つも無く、目的地のボルティモア空港までは東京とデトロイトを経由しなければなりませんでした。日本の空港もアメリカの空港も、普段と比べると人が少なく、特に夜の羽田空港は不気味なほど静かだったのを覚えています。

　私が使用したのはアメリカの航空会社のデルタ航空でした。マスクの着用が義務付けられ、エコノミークラスも3列席の真ん中は全て空席になり、隣に人が座らないようなシステムになっていました。デトロイト空港での入国審査も、普段よりも入念に行われていました。私の場合、アメリカの某大学での仕事のために渡米したのですが、その大学からは証明書を持たされ、必要に応じて空港で提示するように言われていました。入国審査では入国理由や入国期間についても念入りに質問を受けました。

　7月は空いているレストランも少なく、空いているとしてもテイクアウトのみ利用可能でした。私の滞在先の近くの酒屋でさえも、店内への入室を禁止し、ドライブスルーのみで営業していました。徐々に店内での飲食営業を再開するレストランも増えましたが、席数を減らしたり、窓やドアを開放したりと、コロナ対策をかなり意識した営業をしていました。また、メニュー表の使いまわしは禁止され、すべて使い捨てか携帯で QR コードを読み取るシステムに変更されていました。

　さらに、私が滞在した地域では、マスクの着用の義務化も厳しく取り組まれていました。公共の場でのマスクの着用は必須で、お店やレストランもマスクなしでは入店できません。スーパーマーケットのレジも一人が使うたびにスタッフが消毒作業に入るという徹底ぶりでした。また、洋服店など、規模の小さなお店は入店制限が課せられ、お店の前に列ができているという光景を頻繁に目にしました。

　新型コロナ対策で社会活動の規制もあり、私の個人的な経験は正直これくらいしかありません。ただ、私が日本人という外部の人間だからこそ、アメリカにしかない独特な問題に気が付くことがあります。本稿では、私が感じた「アメリカならでは」という問題に注目し、アメリカの某大学教員（男性、政治と法の専門家）のインタビュー内容、最近の研究報告やニュース、アメリカ政府のガイドラインをもとに、アメリカの新型コロナと対策について記していきます。また、今回のインタビュー協力者は匿名希望のため、以下「某大学教員」と記すこととします。

2 特有のマスク事情

マスクへのアメリカ的偏見

　日本では、花粉の季節、インフルエンザが流行する季節、風邪を引いている時、風邪を予防する時、喉を保護したい時など、様々な事情に応じてマスクをつける習慣があります。時には、「今日はお化粧をしていないから」とマスクをする女性がいたり、芸能人が公共の場で顔を隠すために使用したりすることもあります。普段からアメリカ人と仕事をする機会が多い私は、「なぜ日本人はマスクをするのか。こんな光景はアメリカやヨーロッパでは見られない」とよく言われたものでした。アメリカ人のマスク文化に関して、インタビューに応じてくれた某大学教員はこう言います。

　「普段マスクをしていると、この人は大変な病気を持っている、もしくは変わった人だと思われるのが普通です」

　これは今回のインタビューだけでなく、私の古いアメリカの友人や仕事

仲間からも聞いていました。しかし、マスクに対してこんな偏見を持つアメリカも、新型コロナの感染拡大により変化していきました。

　新型コロナがアジアで拡大し始めて間もない2020年１月中旬頃、アメリカでも新型コロナに関する懸念が広がり始めました。そして、１月下旬、中国の武漢から帰国したワシントン州の男性が感染者の第一例目として報告されました（Washington State 2019-nCoV Case Investigation Team 2020）。これを受け、トランプ大統領が最初に取った対策は、中国人の入国制限でした（Corkery and Karni 2020）。もともと「アンチ中国」として知られていたトランプ大統領だったため、この段階では感染症の拡大よりも中国人またはアジア人差別の懸念が全米を騒がせていました（Wendland-Liu 2020）。

老人ホームにおける集団感染の衝撃

　2020年２月下旬、ワシントン州で海外渡航歴のない感染症例が次々に報告され始めました。そして、同時期にワシントン州の某老人ホームにおいて129名の利用者のうち81名が感染、35人が死亡したというニュースが流れ、全米に衝撃を与えました。インタビューに応じてくれた某大学教員は、当時は誤情報や推測が拡散しており、どのように人が感染し、なぜこんなことになったのか理解できなかったと言います。

　「当時は、メディアも『未知の恐ろしい感染症』として報道していました。これにより、人々は脅威を抱き、政府も様々な商業施設を閉鎖していきました」

　当時アメリカでは、新型ウイルス対策本部会議が毎日開かれていて、国民はそこから最新情報を得ていました。その会議でもマスクの効果について議論されていましたが、CDC（Centers for Disease Control and Prevention）がマスクの着用を明確に推奨したのは４月上旬のことでした（Bowman 2020）[※1]。マスク着用の推奨にこれだけの時間を要した背景には、医療従事者用マスクの確保が先決だったことと、SNSなどでマスク着用の効果を否定するような情報の拡散が混乱を招いたからであると

Bowman（2020）は言及しています。

政治的主張としてのマスク着用

　また、このマスク文化はアメリカならではの政治主張に発展して行きました。日本のニュースでも耳にしましたが、アメリカではトランプ大統領が、「私は（マスクを）着用しない」と言及したことが話題になりました。この発言をきっかけに、トランプ率いる共和党（Republican Party）はマスクをせず、民主党（Democratic Party）はマスクをする、といった、マスクの着用の有無で政治主張をする動きが出てきたのです。インタビューに応じてくれた某大学教員は以下のように解説します。

　「これはアメリカの文化で、人々は支持したくない政党の方針と反対のことをします。トランプを支持しない人はトランプが行ったことと逆のことをするし、トランプを支持する人はマスクをしません。今はコロナ対策というよりも政治的主張の意味が大きいかもしれません。特に、今この状況下でマスクをしていない人は政治的主張をしている場合が多いです」

　このように、日本をはじめアジアの国々では普及しやすい「マスク着用」の習慣も、アメリカとなるとそう簡単にはいきません。アメリカではマスクに対する概念や政治問題が複雑に絡み合い、「感染拡大予防」という根本的な目的が見失われてしまうこともあるのです。これは、アメリカの文化とコロナ感染症が生んだアメリカの独特なマスク事情と言えるでしょう。

※１　CDC は、医療用のサージカルマスクや N95 ではなく、布マスクの着用を推奨しました。

3 新型コロナ対策のマンネリ化

社会活動再開のガイドライン

　2020年４月16日、アメリカは社会経済活動の再開に向けたガイドライン「Opening Up America Again」を発表しました。これは、各州が状況に

応じて社会経済活動の制限解除を「３段階（フェーズ）」に分けて行う方針を示したものです。14日間連続で感染者数が減少するなどの条件を満たした地域は「フェーズ１」となり、「ソーシャルディスタンス」を保つことを条件に、広い会場や施設（映画館、スポーツ施設、レストラン）での社会活動を再開できます。そして、「フェーズ２」では学校の再開なども認められ、「フェーズ３」では職場環境に関する制限は完全に解除され、レストランやバーに関する制限も少なくなります。

　個人レベルにおいては、フェーズ１では不必要な旅行や10人を超える社会交流の制限、フェーズ２では50人以上が集まる社会交流の制限、そしてフェーズ３では人込みを避けることなどがガイドラインに記されています（The White House and CDC 2020）。アメリカでは、このような具体的なガイドラインにより、レストランや公共施設もフェーズに従った方法で徐々に活動を再開しています。

　一方で、個人レベルでこのガイドラインが機能しているかと言われると、言葉に詰まるところもあります。最初にも述べた通り、私が渡米したのは７月初旬。ちょうど新型コロナの対策が長期化する中でマンネリ化が見えていた時期でした。夏場のビーチは人が集まり、例年と比べると少ないものの、限られた夏休みを楽しもうと外出する人は増えてきていました。公園では、ウォーキング、ランニングだけでなく、テニスやバレーボールなどの団体スポーツを楽しむ人も増え、運動中にマスクをする人はごくわずかです。

長期化による警戒心の緩み

　某大学教員はマンネリ化について以下のように述べます。

　「今でもコロナ感染者は増え続けていますが、２〜３月のコロナ感染拡大初期の頃と比べると、人々の警戒心は薄れてきています。その原因として、コロナ感染拡大が世界中で深刻になってからすでに半年以上が経過し、あらゆる情報が入手できるようになったことが考えられます。今ではコロナ感染症とは何か、感染者の割合や死亡率はどうなのかが明らかになって

きていて、もう未知の病気ではありません」

　また、某大学教員は、一昔前の HIV/AIDS パンデミックと照らし合わせながら説明を続けました。

　「1980年代の HIV/AIDS の感染が広がった当初、人々は、どんな状況でも、例えば、同じバスに乗っていただけでも感染すると思い込んでいました。その後、どのような経路で感染するのか具体的な情報が入手できるようになり、正しく恐れる、予防する、ということができるようになりました。今回のコロナ感染症も同様のことが言えると思います」

　さらに、マンネリ化について、某大学教員はアメリカ人の国民性を踏まえながら以下のように言及しました。

　「人々は隔離生活または自粛生活に飽きています。アメリカ人は 2 週間程度なら我慢できるでしょう…。ただ、カリフォルニア州のように、規制レベルの緩和後に再び感染が広がり、また規制レベルを上げる、というような一貫性に欠ける政策に対しては、アメリカ人のほとんどが信用せず、従いません。なので、そのような現状にも対処しなければなりません」

　このように、いまだ感染者数と死者数が増え続けているアメリカでさえも、新型コロナ感染症対策の長期化により、人々の警戒心は薄れてきているのが現実です。アメリカのような多様な民族・文化が混在した大きな国で、人々の行動制限を徹底するのには限界があるのかもしれません。

4 社会経済格差がもたらす感染リスク

若い黒人姉弟の死

　私がいるメリーランド州は大分落ち着いていますが、アメリカもまだまだコロナの感染者と死者が増えています。2020年 8 月11日時点で感染者数が500万人を超え、死者は約15万 5 千人を超えました。そんな中、私がアメリカに来て間もなく、22歳の娘と20歳の息子を亡くした母親のニュースが耳に入り、衝撃を受けました。

　「子どもが 2 人？しかも兄弟で？」

日本では高齢者や基礎疾患を持つと重症化率や死亡率が高くなると聞いていましたが、２人の子どもがコロナで亡くなるとはどういうことなのか、一瞬怖くなりました。その家族は黒人で、息子は肥満、喘息、そして娘は肥満、喘息に加え COPD（慢性閉塞性肺疾患）が重症化しており、それらが死亡に至った原因であると報告がされました（Griffith 2020）。その時、どこかで「アメリカでは黒人の死亡率が高い」というのを耳にしたのを思い出しました。調べてみると、新型コロナに感染した場合、黒人の死亡率は白人の2.5倍とのことがわかったのです（Ledur 2020）。これにはどのような背景があるのでしょうか。

おもな犠牲者は黒人？

　アメリカの貧困について調べてみると、黒人のうちおよそ20％が貧困ライン[※2]を下回っています。特に女性は、男性よりも育児のために家で過ごす場合が多いことや、性別による賃金・労働格差もあり、アメリカでは母親やその子どもが貧困に苦しむ傾向にあります。それに加え、人種による社会経済格差も影響し、黒人女性や子どもは特に貧困に苦しむ傾向にあると言えます（Statista 2020）。アメリカは世界で最も裕福な国の一つですが、貧困や社会格差が根強く残っている国でもあるのです。では、なぜ黒人の貧困が今回の新型コロナと関係するのでしょうか。

　一つ考えられるのは、健康格差です。アメリカには日本のような「国民皆保険制度」というものはありません。医療保険に入るのは任意であり、個人または会社等を通じて民間の保険会社が提供する保険に加入することになります。また、高いお金を払っていても、その保険会社が提供するプランにより保険の対象になる医療サービスも異なります。貧困者が無料で医療サービスを受けられる制度もありますが、かなりの低所得者でなければその対象になりません。BERCHICK ら（2019）によると、アメリカでは国民の8.5％ が医療保険に加入していません。経済大国のアメリカも、低所得者が不利になってしまう社会構図は未だに改善していないのです。

　そんな社会構図が影響し、アメリカでは健康格差が生じています。例え

ば、CDC（2017）は、黒人は白人よりも低い年齢で慢性疾患を発症する傾向にあるとの報告をしています。黒人が多くを占める貧困層の中には、経済的な問題で医療サービスを受けることができず、早い段階で診断・治療ができたはずの病気がそのままになってしまっていることが多いようです。

　さらに、アメリカでは、基礎疾患を患っている人口の多くは黒人や少数民族です（The Editors 2020）。従って、高齢者だけでなく、若い時から基礎疾患を患いつつも、十分に治療できなかった人にとって、今回の新型コロナの感染拡大は大変恐ろしいものだったということになります。上記で述べたニュースの事例も、喘息だけでなく、高齢者に多い COPD という慢性呼吸器疾患を若くして患っていました。その家族が貧困だったかはニュースからは定かではありませんが、アメリカの社会経済格差が招いた健康格差が黒人感染者の重症化や死亡につながっているのかもしれません。

深刻なリスクにさらされる貧困層

　さらにアメリカでは、健康格差だけではなく、黒人貧困層を取り巻く労働条件も、多くの黒人が新型コロナの犠牲になった原因ではないかと言われています。多くの人が従事する食料品店や公共交通機関などの必要不可欠な業種（Essential Industries）は、人との接触が避けられない職種です。これらの職種は低賃金であり、健康問題を抱えている人や、十分な収入がなく保険に加入できない人が多い職種でもあります（The Editors 2020）。インタビューに応じてくれた大学教授は黒人の貧困と新型コロナ感染症について以下のように述べます。

　「アメリカは、経済的に成功しなかった黒人や少数民族は、大学教育などの機会得られず、貧困から抜け出すための支援や方法を得るのが難しい状況にあります。そうなると、次世代も貧困のまま、という社会構図が出来上がり、人種による社会格差が生まれてしまうのです。このような貧困層は高等教育を必要としない、工場や食料品店などの必要不可欠な業種に従事することが多くなります。新型コロナが感染する中でも労働を強いら

れ、人の接触も避けられないため、感染リスクも高くなります」

　従って、アメリカの貧困層の多くは常に感染リスク、重症化や死亡のリスクにさらされていたことになります。そして黒人が貧困層の多くを占めていることから、「新型コロナの犠牲者の多くは黒人」という懸念が生まれたのです。ただ、ここで一つ重要なことは、決して感染者や死亡者の大半が黒人である、というわけではないということです。アメリカの人口の６割以上は白人であり、白人の感染者や死亡数も多くを占めています。アメリカ社会に根強く残る社会経済格差、それが生んだ健康格差が、感染リスクそして重症化・死亡のリスクをもたらし、その結果、多くの黒人がその犠牲になっているということです。

※2　生活をするために最低限必要な収入の指標。

5 最後に

　本稿では、新型コロナ問題について、アメリカならではの社会的背景に着目して解説しました。日本にはないようなマスクへの偏見、ただのマスクが政治問題に関与してしまう文化、アメリカの社会格差などを再度浮き彫りにしたコロナ問題は、日本人の私からしても大変興味深い事柄でした。
　一方で、感染症対策のマンネリ化については、実はアメリカ独特のものではなく、日本にも共通して言える部分があるのではないか、との印象を受けました。この論考が少しでも読者の視野を広げ、新型コロナが「感染症」や「医学」のテーマであるだけでなく、「社会問題」や「文化」にも大きく関与していることを伝えられたらと思っています。

中国の新型コロナ感染と対策
〜人類運命共同体を実現するために

● 内山智尋（同志社大学社会福祉学部博士後期課程）

2001年から国際協力機構（JICA）やジョイセフ（国際協力NGO）などに所属し、中国の地方都市や貧困地域において保健医療、貧困対策分野のプロジェクトメンバーとして現場経験を積む。中国人民大学で社会学、日本福祉大学で社会福祉学、オランダエラスムス大学院大学で公共政策学を学ぶ。

　昨年末に中国の武漢を中心に新型コロナウイルス感染症が発生してから8か月以上が過ぎましたが、未だに衰えを見せることなく世界で拡大し続けています。

　そもそも感染症は突発的にどの地域においても発生する可能性があり、完全になくすことは困難だと言われています。感染源となる恐れのあるものをできるだけ排除することはもちろん必要ですが、より重要なのは、このような突発性の感染症が発生した時にその影響を最小限に抑え込むことであり、そのためには世界各国が一丸となっての対策と協力が必要です。

　中国は、国内において独自の方法で効果的に感染拡大を抑えています。また、習近平国家主席が打ち出した「人類運命共同体」というキャッチフレーズを世界に向かって発信し、健康共同体の構築のためにグローバルな公衆衛生事業の推進に尽力することを宣言しています。そして、世界各国が団結することを強調し、他国には真似できないような迅速かつ大規模な海外支援も実施しています。

　一方で、これらの取り組みが戦略的な「マスク外交」だとして必ずしも好意的に受け止められず、また発生源や初動の遅れについて透明性のある情報開示と説明を行っていないことなどが国外から非難され、複雑な立場に置かれているのも事実です。

　そんな中国における新型コロナウイルス感染症対策について、筆者が実際に北京で生活を送るなかで見聞きしたことや得られた情報などをもとに紹介しながら、感じていることについて書きたいと思います。

1 発生当時の様子

　ちょうど春節を迎える直前の2020年1月23日、北京の職場の様子が慌ただしくなりました。それまでなんとなく武漢あたりで感染症が発生しているから注意が必要、という情報は得ていましたが、いきなり数時間の間に次々と都市のロックダウンが始まったのです。武漢をはじめ多くの都市が封鎖され、中国政府はウイルスの封じ込め対策を強力に進めていきました。

　日本に帰国する直前だった筆者は一瞬嫌な予感もしましたが、翌日、無事に帰国を果たし、一週間後にはますます感染症が拡大する中国に不安な思いで戻ってきました。その間に筆者が暮らす北京でも大きな変化が起きていました。

　北京に戻ってくると、驚いたことに街で人を見かけることがほとんどなく、職場に戻ってもビルの中は静まり返っている状況でした。春節休みのせいなのか、コロナ対策のせいなのか、レストランはすべて閉店し、スーパーと薬局だけが営業を続けていました。幸い、食料には困ることなく生活できましたが、厳しい管理体制には正直うんざりすることも多々ありました。それでも、中国の人たちは素直に政府の対策に従い、住民一人ひとりが非常に高い意識をもって対応しているように見えました。

2 住民の意識の高さ

　それは北京市民の記憶の中に、2003年のSARS（重症急性呼吸器症候群）の経験が鮮明に刻まれていたからだとも言えます。

　当時のSARSの発生状況を簡単に説明しますと、まず2002年から中国広東省で発生し、翌年にかけてアジアを中心に世界各地で流行。2003年6月中旬の終息までに、感染者は8098名、死者は774名となり、致死率は9.6％と高く、世界中が切迫した状況に陥りました。この時、中国政府は封じ込めに失敗し、北京は大きな被害を受けました。あれから十数年の間に中国は病院内の院内感染対策を強化し、情報の管理体制もIT発展の成

果を活用して大幅に改善してきています。

　そして、もう一つ住民の意識に大きな影響を与えたのがネット情報です。ネット情報は住民の意識を実にうまくコントロールしていると感じました。例えば、新型コロナウイルス感染症の恐ろしさを科学的な根拠をもって伝えると同時に、それに立ち向かうために政府と医療従事者が命を懸けてたたかっている様子が感動的に伝えられ、国民が一致団結することの重要性を常に意識するように情報発信が行われていました。住民は政府の力を信じ、ウイルスに対する恐怖心もあるため、素直に外出を控え、おとなしく様子を見守っていたのです。

　北京ではすでに何日にもわたって感染者は出ていません。危険レベルも下がり、マスク着用の義務はないものの、北京市民は酷暑の中でもマスクを手放さず、レストランやスーパーなども警戒を緩めていないのが現状です。

3 徹底した監視と管理

　今回、中国が封じ込めを効果的に実施できた要因はいくつか考えられます。

　1つは、徹底した「封じ込め」政策です。1月23日の「武漢封鎖」以来、周辺地域、湖北省全体で一気にウイルスの封じ込めが実施されました。この封鎖式管理は驚くほど徹底しており、自分の住むアパートの周りの道路が鉄の壁一枚であっという間に封鎖

社区の入口を封鎖する鉄の壁は今（8月）になっても撤去されていない。
（2020年2月、北京にて筆者撮影）

され、一切の抜け道が閉じられます。そして、限定された入口には24時間監視人が張り付き、原則外部との出入りが一切禁止されます。武漢などで

は食料の買い出しに行ける人数と日数がかなり制限され、それが約76日間にわたって継続されたのです。

北京市でも、1月下旬以降、地方から乗り入れる長距離旅客バスなどは全てストップしました。中国の状況が改善されるにつれ、3月中旬からはこの封じ込めの対象が海外からの入境者へと変

コミュニティ衛生サービスセンターの入口の様子。今でも入口ではチェックが厳しい。（2020年8月、筆者撮影）

わっていきます。これにより、外国人である筆者もコミュニティへの登録と報告を求められ、厳しい管理下に置かれることになりました。

2つ目に大きな力を発揮したのが、「社区（地域コミュニティ）」単位で行われた「居民委員会」による管理です。居民委員会とは、中国都市部の各コミュニティに設置された住民自治組織で、行政組織ではありませんが、実際には行政の下請けのような形で住民に対するサポートを行っています。時には住民の監視役のような働きもし、今回の新型コロナウイルス感染症の封じ込めにおいても重要な貢献をしたと言えます。

居民委員会のメンバーはその地域の個人情報については大体把握しており、コミュニティの入口で体温チェック、行動確認などを行い、特に北京の外からの出稼ぎ労働者や感染リスクの高い地域から移動してきた住民に対しては、徹底的な管理が行われました。そして、情報は迅速に上層部門に報告され、連絡の遅れや漏れ、虚偽の報告は厳しく取り締まられました。社区の掲示板や横断幕の標語には、手洗いやマスク着用を呼びかける文言が書かれ、行政による健康教育が強力に推進されていたことも伺えました。

また、住民へのサービスとして、デリバリーの荷物を高齢者に届けたり、公共スペースの消毒作業を行ったりと、居民委員会のスタッフは大活躍でした。

3つ目に挙げられるのが、ITを駆使した監視です。官民が一体となり、

最先端テクノロジーが活用され、ビッグデータをもとに人々の行動履歴や接触履歴が把握されました。個人も QR コードで表示される情報により、自分が「安全」なのか、それとも「要注意」なのか判断できるというわけです。街がすっかり落ち着きを取り戻した 8 月に入っても、スーパーやショッピングモールなどでは「健康コード（Health kit）」の提示を求められ、異常がないことを証明しなくては中に入れない状況です。

　筆者の友人は、ある日薬局で常備用の風邪薬を購入したそうです。翌日、地域の行政機関から電話があり、なぜ薬を購入したのか、症状があるのか、高リスク地域への出入りはあるか、など詳しい情報の提供を求められたといいます。一人ひとりの行動をここまで細かく把握する徹底した監視方法に、友人も何とも言えない違和感を感じたそうです。

　しかしながら、このようなある意味強引な管理体制であっても、引き換えに安心や安全を得られる手段として、市民の間では大いに歓迎されていたと言えます。

4 病院の状況

　それでは、実際に病院の現場はどうだったのでしょうか。

　中国政府は2020年 6 月 7 日に、全 4 章からなる「新型コロナウイルスに立ち向かう中国の行動」と題された白書を発表しました（表 1）。ここには、武漢をはじめ各地で、どのような体制のもと、いかに迅速に感染の拡大が抑えられ、治療が行われたかが時系列で

北京の中日友好病院からも多くの医療スタッフが武漢に派遣された。その功績をたたえる展示が病院の廊下に。（2020年 8 月、同僚撮影）

詳細に記され、また国際協力にどれだけ貢献しているかなどが紹介されています。

その中で特徴的だった中国独自の方法について、何点か紹介したいと思います。まず、武漢において10日間で1000床規模の「火神山病院」が、12日間で1600床の「雷神山病院」が建設され、それぞれ2月3日と8日に開院するなど、短期間の間に迅速に医療体制を整備したことが挙げられるでしょう。この建設工事のために、全国から4万人の人員が動員されたと言われています。

　また、病院の開院に合わせて全国から4万2600人の医療支援チーム（うち女性が約2万8000人）が湖北省内に医療物資とともに駆けつけたそうです。約4000人の人民解放軍兵士も加わったこれだけの規模の医療チームを動員するのは、やはり強力な政府の指示なくしては不可能だったでしょう。派遣された医療従事者たちは指定のホテルと病院を政府によって準備されたバスに乗って行き来する毎日を送っていたといいます。最終的に約2000人の医療従事者が感染し、そのうち数十人が命を落とされました。

　2つ目の特徴として挙げられるのは、体育館やコンベンションセンターなど16か所を利用し、10日間強で「方艙病院」と呼ばれる臨時医療施設を作り上げたことです。武漢市のこれらの施設で提供された約1.4万床の病床では、多くの軽症患者や要観察症例者に対し効率的に治療や隔離が行われ、重症になるのを防ぐために大きな役割を果たしたと言われています。

　3つ目は、中国ならではの漢方薬の使用です。白書によると、中国全土の陽性者の92％が様々な段階において漢方薬による治療を受け、効果が見られたとしています。特に、軽度の患者に対して初期の段階で漢方薬を投入し、重度の患者には西洋の薬も取り入れ、濃厚接触者などには免疫力を高めるための漢方を処方したと言われています。

　4つ目は、大規模なPCR検査の実施です。例えば、北京市政府は3月下旬から発熱外来にきた患者すべてにPCR検査を行うように指示を出し、5月中旬には北京市で70か所の検査機関を指定、1日の検査可能件数は5万1000件に上りました。その後も、5人の検体を一緒に検査する「混合測試（pooled test）」の導入で効率を上げ、7月段階での1日の検査可能件数は45万8000件にまで達したといいます。

　この方法は、武漢全市民や北京のリスク地区の住民検査などに活用され、短期間にまとまった数の検査を実現しました。6月11日から始まった北京の卸売市場を感染源とする問題では、この市場と接触記録のあるすべての人を検査対象とし、厳格な追跡調査が行われました。新型コロナ患者を一人も見逃さないという政府の意気込みと徹底ぶりが感じられます。

	構成	概要
第一章	新型コロナとたたかった苦難に満ちた経緯	最初の発見から状況が落ち着くまでを第1段階から第5段階にわけ、感染者数の変化やどのような連絡体制のもと如何に指示が出されたかなどが時系列で詳細に紹介されている。
第二章	感染予防と治療の2つの戦線での共同作戦	強力な共産党リーダーによる指揮系統の状況やコミュニティにおける管理状況、治療の状況、情報の透明性、IT技術の活用の様子などが説明されている。
第三章	新型コロナとたたかう強力なパワーの結束	中国全土のパワーを集結して、共産党が人民の命を守るために前代未聞の事業を成し遂げたことを強調。具体的には、医療救援隊や様々な物資が武漢に届けられたことや、生活を守るための減税措置などが紹介されている。
第四章	人類衛生健康共同体の構築	中国が受けた海外からの支援や中国の対外援助協力活動、共同研究の実績や世界が一丸となってこの脅威に打ち勝つことの重要性を強調している。

表1　「新型コロナウイルスに立ち向かう中国の行動」白書の構成

5 関連する支援策や新たな政策など

　中国内では厳しい封鎖式管理が行われたこともあり、社会経済への打撃や日常生活への影響も大きなものでした。ここでは、今回の新型コロナの影響で特に苦しい立場に置かれた人たちに対し、どのような政策や支援が打ち出されたかについて、簡単に紹介したいと思います。

　まず、高齢者に関しては、民政部と国家衛生健康委員会（以下、「衛健委」という）の2つの管轄機関がそれぞれ介護と医療の側面からガイドラインや通知を発出しています。民政部は主に高齢者施設内の管理に関して、感染者が出た場合の対処方法や予防的措置に関する規程を出しています。衛健委は高齢者の健康管理全般について、公共の場所における予防や健康

教育、慢性疾患を抱える高齢者に対する医療サービスの方法など、より広い対象を意識した通知を多く出しています。

　特に、独居の高齢者や障害者、子どもなどに向けては、北京では社区ごとに児童担当や高齢者担当を置き、管轄地域で困難に直面する児童や高齢者の有無を調査して上層機関に報告するとともに、名簿を作成して個別の対応を実施するという規程を設けました。

　障害者に対しては、中国障害者連合会が通知を出し、今回の新型コロナの影響で障害者が失業することがないよう経営者への協力を求めると同時に、障害者を多く雇用する事業者等に対しては賃料の補助や生活補填などが行われたということです。

　これらの施策をみると、多くの任務が基層レベルである社区に重くのしかかっていることが伺えます。実際に各社区は24時間体制での管理に加え、日々の住民へのケア、上層部への報告など多忙極まりない状況で、負担とプレッシャーは大変なものだったと聞いています。全国で65万か所ある社区において約400万人が活動し、そのうち130人が新型コロナウイルスに感染して犠牲になったということです。

　今回の新型コロナウイルスの原因はまだ明らかになっていませんが、１月から２月にかけて、野生動物の取引を一切禁止する政策や産地証明がない農作物は取り扱いを禁止する規程も定められました。そして、市場管理を徹底し、職員研修の強化やカメラによる監視等を通じて消毒や廃棄物処理等の衛生環境管理を厳格に実施していくことを規定したことも、新しい取り組みと言えます。

6　中国の国際支援

　中国は、国内の状況が落ち着き始めた３月中旬ごろより、海外に対して積極的な支援を行ってきました。実際に日本にも中国の地方政府やNGO機関、有志などから多くのマスクや防護服などの医療物資が届けられました。伝統的に実施されてきた中国の「対口援助[※1]（１対１対応）」の仕組

みは、今回の海外支援においても活用されました。例えば、四川省はイタリア、上海市はイランなどと省や直轄市ごとに支援対象国を割り当て、ペアを作って緊急支援の人員や物資を相手国に届けたのです。それに対して、多くの感謝の声も聞かれました。

　白書によると、５月末までの段階で世界の110カ国に医療物資の供与または緊急医療人員の派遣を行っており、それは現在もまだ継続中です。また、５月末までにウイルスに関する情報や治療方法について100本以上の研究論文を公開し、ネット等を通じた交流活動を70回以上実施し、広く情報共有や共同研究も進めています。

　常に世界の国々が団結することの重要性を訴え、研究者たちで積極的に情報を公開し交流することは、確かにこの難局を乗り越えるために必要な手段であり、正当な方法であると思います。中国の行動は日本には真似できないスピード感と存在感を持ってその力を世界に見せつけたと言えるでしょう。

　しかしながら、これらの行動は一定の評価はされながらも、日本を含めた国々からは非難の声も聞かれました。一部質の悪い医療物資が提供されたことや中国の巨大経済圏構想である「一帯一路」[※2]との関連が指摘され、このことがいわゆる戦略的な「マスク外交」だと非難されたわけです。これに対し、中国は自国の正当性を強調し、責任転嫁によって自身の問題を覆い隠すのは無責任であるとともに非道徳的であると、強い口調で反論しています。

　実際にイタリアをはじめとするヨーロッパ諸国において、EU（ヨーロッパ連合）の結束はまったく機能せず、加盟国でありながら国境は封鎖され、それぞれが自国の力で対処する以外方法はありませんでした。このような緊迫した状況において中国からの支援はありがたい救いの手であったはずです。

　「マスク外交」と呼ばれる支援がどの程度政治的な戦略のもとで実施されたのかは分かりませんが、中国の支援により浮き彫りにされた問題の一つに、ヨーロッパ諸国の連帯の弱さやもろさがあるのも事実でしょう。中国が言うように「自身の問題」が明らかになったことで、EUとしてどう解決し、どのような方向に進むか、今一度再考するチャンスを与えられた

と言えるかもしれません。

※1 中国では1970年代から貧困対策などにおいて発展した省が遅れた地域を1対1で支援する仕組みがある。医療においても北京の最高レベルの病院が地方にある特定の病院を長期的に支援している。
※2 2014年11月10日に中華人民共和国北京市で開催されたアジア太平洋経済協力首脳会議で、習近平総書記が提唱した広域経済圏構想で、中国からユーラシア大陸を経由してヨーロッパにつながる陸路の「シルクロード経済ベルト」（一帯）と、中国沿岸部から東南アジア、南アジア、アラビア半島、アフリカ東岸を結ぶ海路の「21世紀海上シルクロード」（一路）の二つの地域で、インフラストラクチャー整備、貿易促進、資金の往来を促進する計画。（Wikipedia より抜粋）

7 新型コロナから何を学び、どこへ向かうのか

　これまで見てきたように、中国では2月から3月にかけて政府による強力な監視・管理体制が敷かれて感染者が減少し、発症地として完全なロックダウンが行われていた武漢市も4月初旬以降からは平常に戻って、中国全土は元の生活を取り戻しつつあります。中国政府による段階的な解除政策やビジネスと連携したアプリによる移動管理、健康管理などの対策には、他国が参考にできる貴重な経験も多く含まれていることと思います。

　しかしながら、今回のコロナ対策でも明らかになった中国政府の強力な監視・管理体制は、日常生活においても私たちが容易に管理される対象であることを物語っており、そのことへの違和感を覚えずにはいられないのも事実です。中国政府の厳格な方法に中国国民はいち早く順応しそれを受け入れましたが、だからと言って、非常事態におけるこの方法が常に正しいと判断するのは危険であると感じます。とは言いつつも、この厳しい管理のおかげで私の命が守られたのかもしれないと思うと、正直複雑な思いです。

　中国における新型コロナの犠牲者の80％以上は武漢の人たちでした。多くの人が家族や親しい人を亡くし途方にくれました。どれだけ多くの人たちが政府の初動の遅れに対する怒りで苦しんだことでしょう。しかし、このやるせない思いは行き場を失い、彼らの嘆く声や不満は中国社会で共感されることなくかき消されました。

　私の心にずっと残っている犠牲者の言葉があります。「健全な社会に必

172

要なのは様々な声であり、社会の声は一つであるべきではない」。いち早く異変に気づきネットで注意喚起をしたことで当局の処分を受けた武漢の医師の言葉です。中国では素直な思いや疑問、嘆きはどうしても表に出にくい現状があり、これは明らかに健全な社会とは言えないでしょう。

　中国に対する批判的見解を述べることが目的でないため、これ以上議論は深めませんが、留学を含めて20年近く関わってきた筆者をいろんな意味で育ててくれた中国に複雑な思いを抱えながら、私はふと立ち止まり考えます。私たちはいったいこれからどこへ向かおうとしているのか、と。安全と自由の狭間で世界は揺れています。人権や民主主義による自由を優先するのか、それとも中国のような監視社会による安心を優先するのか。人々は何を犠牲にし、何を得ることを望むのか、その生き方が問われていると言えます。

　今すぐに答えを出すことはできませんが、福祉を研究する私は、社会に対し強いメッセージを発信することが求められているのではないかと感じます。幸福や生きる意味といったことは個人の価値観に大きく左右されるものではありますが、共感する力や利他主義がもたらす本当の意味での「豊かな世界」を共に想像することは、何らかの糸口を与えてくれるような気がします。そして、一人ひとりが社会を構成するかけがいのない存在であることを認識し、さまざまな意味でエンパワーされることが求められるのではないでしょうか。そうすることで初めて私たちは、正しい判断力の下、社会に対し主導的な力を持ち続け、自由を守ることが可能になると思うのです。

　中国が呼びかける「人類運命共同体」の構築は、当然ながら環境や感染症といったグローバルな課題に対応する上で必要な考え方であり、私たちはこれまでもそのための国際協力や連携を長年にわたり行ってきたわけです。ただ、その実現は透明性や公平性といった基本的ルールが守られることで築かれる信頼関係があって初めて可能となり、それは国と国という関係性の上だけにとどまらず、私たちが生活する社会や自国においてまずは実現されるべきことであろうと思います。

私たち一人ひとりが声をあげ、ネガティブな声も含めてそれらが平等に社会に聞き入れられ、そして公平に議論される。その積み重ねを通じた先に、私たちが追い求める地域社会や国、人類運命共同体の姿が見えてくるのではないかと思います。

アフリカにおける新型コロナの現状と課題

● 原田有理子（東京女子医科大学助教）

2017年九州大学歯学部卒業。ロンドン大学衛生熱帯医学大学院（公衆衛生）を卒業後、国連パレスチナ難民救済事業機関にて小児栄養に関する調査に携わる。2020年より現職。

● 杉下智彦（東京女子医科大学教授）

1990年東北大学医学部卒業。公衆衛生修士（ハーバード大学大学院）、医療人類学修士（ロンドン大学大学院）、地域保健博士（グレート大学キスム校大学院）。2016年10月より現職。2014年ソーシャル・ビジネス・グランプリ大賞、2016年医療功労賞受賞。JICAグローバルヘルスアドバイザー。

1 アフリカにおけるパンデミックの脅威

　新型コロナウイルス感染症では、感染症による直接的な死亡数よりも、緊急事態宣言や都市封鎖（ロックダウン）、所得の減少、会社の倒産、社会不安からくる自殺の増加など、社会・経済的な影響による死亡数の方が上回っていると推測されています。

　感染症が流行した一定の期間の死亡数が、過去の平均的な水準をどれだけ上回っているかを示す指標である「超過死亡数」を見ると、2020年7月時点でアメリカ16％、イギリス43％、イタリア40％、インドネシア55％と、例年と比較して大幅に増加しており、新型コロナウイルス感染症の直接・間接的な影響で亡くなった人が多くいたと考えられます。

　一方で、日本を含む東アジアでは超過死亡数の統計学的に優位な増加は認められていません。また、アフリカで最も感染が広がっている南アフリカにおいては9％減少となっており、外出自粛などによるインフルエンザなど他の感染症の減少、交通事故や労災による死亡、殺人などの減少によって超過死亡が減っている可能性があります。

予断を許さない社会・経済への長期的な影響

　しかし、パンデミックによる社会・経済への長期的な影響については、

まだ予断を許さない状況が続いています。世界銀行は、アフリカにおいて2020年だけでも37兆円から79兆円もの経済損失があり、国民総生産（GDP）はアフリカ大陸全体で1.7％減少すると推測しています。これは５％近い成長経済を続けてきたアフリカにとって危機的な状況です。輸出入は17％の減少、特に小規模企業は８％もの収益減となり、国家歳入も平均で５％の減少となっています。国家経済の破綻によって、保健セクターへの国家予算が減少することは確実で、パンデミックによって健康を求めるアフリカの人々へのサービスが停滞してしまうことが容易に想像されます。

　今後は、アフリカにおいても社会経済状況が悪化していくことから、長期的には超過死亡数が増加に転じると考えられます。早期に適切な危機管理対策を行わないと、パンデミックそのものの収束も困難になることが予想されます。

2 アフリカにおけるパンデミックの教訓は生かされたか？

　歴史的にみると、パンデミックを起こすような新興・再興ウイルス感染症は、アフリカで多く発生してきました。また危機管理の教訓も、世界に先駆けてアフリカ域内で蓄積されていきました。

エボラウイルス病流行の教訓

　2014年の西アフリカにおけるエボラウイルス病流行では、バイオセーフティー最高レベル４の感染性と毒性を持つエボラウイルスの感染が拡大し、流行が終息する2015年10月までに２万8512名が感染、１万1313名が死亡しました（致死率40％）。当時、国際社会ではポストエボラの時代における２つの教訓が議論されました。

　一つ目の教訓は、感染症拡大による社会的、経済的な損失の大きさと備えの重要性です。このエボラウイルス病流行では、西アフリカ３か国で2200億円の経済損失があり、国際社会は3600億円もの資金を対策に費やし

ました。また、３か国で513名の医療従事者が死亡し、医療サービスの23％が停止し、１万7300人もの子どもが孤児となりました。このような予期せぬ経済損失の大きさを教訓に、世界銀行は「パンデミック緊急ファシリティ」を設立し、感染症のリスクに直面する途上国に資金提供することを可能にしました。もっとも、当時の国際社会は、アフリカで繰り返す感染症の危機管理を優先的に考えた制度設計だったものの、パンデミックが先進国の社会や経済に危機的なダメージを及ぼすことへの予見は乏しいものでした。

　もう一つの教訓は、1951年に世界保健機関（WHO）憲章によって定められた「国際保健規則（IHR）」の重要性の再認識と各国での整備です。IHR は、国際的な健康危機管理における各国の必要最小限の役割を規定する法的枠組みです。従来は黄熱、コレラ、ペストの３疾患を対象としていましたが、SARS や鳥インフルエンザなどの新興・再興感染症の拡大、放射能や化学物質汚染、バイオテロリズムへの対策強化の必要性が指摘され、2005年に大幅に改訂されました。改訂のポイントは、感染症が経済に与える影響を最小限に抑え、国際的伝播をコントロールすることを目的に、国境における検疫強化ばかりでなく、感染発生地での日常的な監視活動（サーベイランス）の強化を重視したところにありました。

　しかし、西アフリカにおけるエボラ出血熱流行においては、改訂による経済活動優先の目的が仇となり、WHO による「国際的に懸念される公衆衛生上の緊急事態」の宣言が遅れたため不必要に感染が拡大した、と非難されました。このような事態を受け、アフリカ全体の IHR 機能、特に感染症サーベイランス機能を強化することを目的に、アフリカ連合は2017年、エチオピアのアジスアベバに「アフリカ疾病管理予防センター（アフリカCDC）」を設立しました。アフリカ連合に加盟する55か国に分散したサーベイランス機能を統合し、国境を越えた情報提供を可能にしたアフリカCDC は、今回の新型コロナウイルス感染症パンデミックにおいても感染拡大のデータを毎日更新し、各国で行われている感染防御活動の情報共有において大きな役割を担っています。

無防備な先進国を襲ったパンデミック

　今回の新型コロナウイルス感染症は、人類が初めて経験する新型ウイルスによる感染症であり、その治療法や予防法に関する情報が存在しなかったこともあって、これまでのパンデミックの経験や教訓が参考になりませんでした。そして、先進国においてさえも根本的な備えがなかったために、医療崩壊の回避、検査体制の強化、危機管理の情報共有、社会・経済への負の影響を未然に防ぐための包括的な対策は不十分で、未曽有の被害拡大となりました。

　特に今回のパンデミックは、最も医療水準の高い先進国、それも大都市を中心に広がり、感染症に無防備だった欧米諸国において国民の混乱を招き、医療崩壊という最悪の事態を引き起こしました。むしろパンデミックに対する社会的ワクチンが打たれていたアフリカでは、感染症拡大の早期より、国際航空便の停止、国境の封鎖、経済活動の制限、移動や外出の禁止など、社会・経済活動が極めて厳重に制限され、人々の感染予防行動も強化されるなど、国際的にも高い水準の防疫活動がなされたように思えま

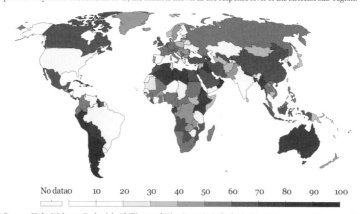

COVID-19: Containment and Health Index, Oct 10, 2020
This is a composite measure based on eleven policy response indicators including school closures, workplace closures, travel bans, testing policy and contact tracing, rescaled to a value from 0 to 100 (100 = strictest). If policies vary at the subnational level, the index is shown as the response level of the strictest sub-region.

No data　0　　10　　20　　30　　40　　50　　60　　70　　80　　90　　100

Source: Hale, Webster, Petherick, Phillips, and Kira (2020). Oxford COVID-19 Government Response Tracker – (London time)
OurWorldInData.org/coronavirus • CC BY

図1　パンデミック危機管理の状況

す。

　図 1 は、オックスフォード大学が集計したパンデミック危機管理（外出禁止、国境封鎖、検査体制、クラスター追跡など17項目）の状況ですが、10月10日時点でもアフリカでは非常に高いレベルで危機管理が行われていることがわかります。

アフリカにおける予防行動の定着

　アフリカの都市に住む人々のマスク着用や手洗いなどの予防行動も、過去のパンデミックによる心の準備があったため、予想以上に円滑に実施されました。

　アメリカの援助団体であるポピュレーション・カウンシルが、2020年 3 月、ナイロビのスラムにおいて計2010人を対象に行った調査では、新型コロナウイルス感染症を知っている人は100% で、90％は政府の携帯メッセージで知り、95％は政府情報を信用していると答えています。過去 1 週間にマスクを着用した人は89%、手洗いは99％が実施しており、 1 日 7 回以上洗っている人が76％を超え、88％が常に石鹸を使っていました。症状・予防行動に関しては、熱（83％）、呼吸困難（48％）、咳（52％）と知っており、もし症状があった場合は、クリニックに行く（71％）、家から出ない（19％）、社会的距離を保つ（17％）という認識でした。

　社会的距離については、家族との面会を減らした（56％）、友人との面会を減らした（87％）、公共交通機関を避けるようになった（76％）、家にいる（85％）、との回答でした。また、66％が過去 2 週間の間に金銭的な理由で食事を抜いたことがあると答えました。将来に関しては、34％が経済的困窮を、22％が食料不足を心配していますが、互助と自給自足の精神が残っているせいか、不安度が予想に反して低い結果でした。

　アフリカ諸国における政府の迅速な対応、医療機関の努力、住民の適切な行動変容は、これまでの HIV/AIDS やエボラなどのパンデミックの経験を通して培われてきたものです。また60歳以上の高齢者は 7 ％と低く、基礎疾患も少ないために、重症化が少なく感染拡大もおだやかです。

一方で、社会的脆弱者は一度感染してしまうと医療機関での受診が困難であり、長期化による経済的な困窮や社会的混乱が心配されます。特に、スラムでの生活における三密状態や、国民の80％が週1回は教会やモスクに行くという行動様式、HIV治療薬を服薬している人が多いなど、アフリカに特徴的な諸条件を踏まえた対策が求められています。

3 なぜアフリカで感染拡大は起きないのか？

アフリカでの感染者・死者の少なさ

　2020年1月、武漢でカメルーン人留学生の感染が確認され、2月14日にはエジプトにおいて初めての新型コロナウイルス感染者が確認されました。WHOアフリカ地域事務局は当初、アフリカにおける新型コロナウイルスの感染拡大について、①検査体制の不足による感染者の同定の遅れ、②感染者隔離措置の遅れ、③不十分な接触者の追跡体制などのために、制御が困難な状況になると考えていました。また、HIV/AIDSや結核、マラリアなどの感染性疾患の高い罹患率、栄養不良、保健システムの脆弱さから、新型コロナウイルス感染者数に占める死者数の割合である致死率は、世界の他の地域と比較して高くなるであろうと予想していました。

　ところが、実際の流行の推移は異なっていました。サブサハラ・アフリカの人口は12億人で、世界人口の15％を占めています。しかし、10月10日現在、累積感染者数は153万人、死者数は3万6800人で、これは世界全体の感染者数（3710万人）のわずか4.1％、世界全体の死者数（107万人）の3.3％にすぎず、非常に低いことが特徴的です（図2、3、4、5）。

　アフリカ全体では、感染者数は2020年7月20日前後をピークに減少傾向を続けており、死者数も1日300人前後で横ばい傾向が続いています。特にアフリカ域内で最も感染者数の多い南アフリカ共和国では、10月10日時点で累計感染者数が世界第7位の69万人、死者数は1万7600人、致死率は0.25％となっています。新規感染者数は過去3か月間減少傾向にあります。

Biweekly confirmed COVID-19 cases, Oct 9, 2020
Biweekly confirmed cases refer to the cumulative number of confirmed cases over the previous two weeks.

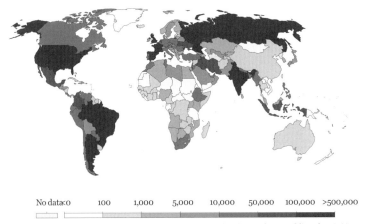

No data 0　100　1,000　5,000　10,000　50,000　100,000　>500,000

Source: European CDC – Situation Update Worldwide – Last updated 9 October, 13:35 (London time)

図2　世界全体の累積感染者数の分布

Biweekly confirmed COVID-19 deaths, Oct 9, 2020
Biweekly confirmed deaths refer to the cumulative number of confirmed deaths over the previous two weeks.

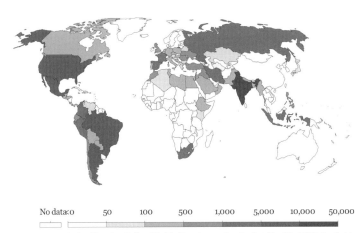

No data 0　50　100　500　1,000　5,000　10,000　50,000

Source: European CDC – Situation Update Worldwide – Last updated 9 October, 13:35 (London time)

図3　世界全体の累積死亡者数の分布

Daily confirmed COVID-19 cases

The number of confirmed cases is lower than the number of total cases. The main reason for this is limited testing.

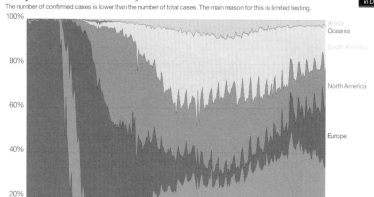

図4　世界全体での地域別新規感染者数の推移

Case fatality rate of COVID-19 vs. Median age of the population

The Case Fatality Rate (CFR) is the ratio between confirmed deaths and confirmed cases.
During an outbreak of a pandemic the CFR is a poor measure of the mortality risk of the disease. We explain this in detail at OurWorldInData.org/coronavirus

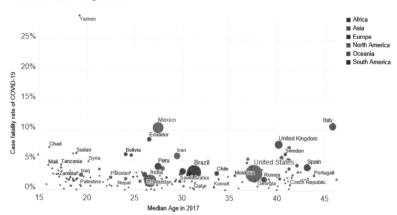

図5　平均年齢と新型コロナ感染症による致死率

致死率を規定する平均年齢の低さ

　また重要なこととして、アフリカ大陸では新型コロナウイルス感染症による致死率が低いことがあげられます。アフリカ大陸の新型コロナウイルス感染症による致死率は2.4%で、医療資源が限られているにもかかわらず、世界平均（3.3%）、アメリカ（3.1%）を下回っています（9月9日現在）。また、人口10万人あたりの死者数は2.3人と、アメリカ（54人）よりはるかに少なく、インドネシア（2.6人）に近い値です（日本は0.97人）。

　アフリカの多くの国々では、感染者が非常に少ない時期からロックダウンを実行し、診断や治療体制を急速に整え、今では人口1万人あたり100件の検査を提供できるようになってきました。しかし、これだけでは説明が困難なほどアフリカでの新型コロナウイルス感染症は封じ込められているように思えます。

　このような致死率の低さの要因として、検査体制の不足による新型コロナウイルス感染者数の過少報告や、死者数の誤分類がある可能性もありますが、主要にはアフリカにおける平均年齢の低さや生活習慣病などとの合併疾患が少ないことなどが推測されています。

集団免疫の可能性も

　最近になって、アフリカにおいて急速な感染拡大が起こらないのは、すでに無症状で感染が広がっていたからではないか、という説がサイエンス誌で取り上げられました。ケニアでは、15～64歳の献血検査結果から、総人口の0.5%にあたる160万人がSARS-CoV-2抗体を有していると推定されています。モザンビークでも1万人を調べた結果、3～10%がSARS-CoV-2抗体を有していました。マラウィでも無症状の医療従事者500人を調べたところ、12.3%にSARS-CoV-2抗体がありました。これらの傾向から、アフリカ諸国では過去に他のコロナウイルスに暴露されたことによる免疫反応があることが推測され、SARS-CoV-2に対する交差免疫を獲得していた可能性が指摘されています。

　8月13日、WHOとアフリカCDCは、アフリカ大陸全土を対象とした

SARS-CoV-2 抗体検査をリベリア、シエラレオネ、ザンビア、ジンバブエ、カメルーン、ナイジェリア、モロッコから着手すると発表しました。この調査によって真の感染者数が明らかになるため、アフリカ大陸の感染実態を把握する上で重要な情報になると期待されています。ただ、新型コロナウイルスに感染しても抗体が産生されない、もしくは時間とともに消失することもあるため、抗体保有率が真の感染率を下回ることも予想されます。

　いずれにしても、圧倒的に若い人口が多いアフリカでは、もしかすると高齢者でもマラリアや他の風邪疾患によって獲得免疫や交差免疫を獲得しており、発症や重症化に至らなかった可能性があります。つまり、アフリカは他の大陸に先駆けて集団免疫を獲得しつつある状態にあるのかもしれません。

4 アフリカの女性や子どもの健康への影響

　WHO アフリカ地域事務局からの報告によると、アフリカ大陸における新型コロナウイルス感染者の61% は男性で、39% が女性とされています。しかし、産前健診の受診率は15 ～ 20％も低下、施設分娩も10％程度の低下が認められ、妊産婦の死亡につながるような重篤な合併症を見逃している可能性があります。さらに家族計画のための避妊薬や器具も15％程度の低下があり、望まない妊娠の増加や危険な人工妊娠中絶による合併症や死亡なども危惧されます。

　また世界では、新型コロナウイルス感染症によって250万件の児童婚の増加が懸念されています。アフリカ大陸でも、新型コロナウイルス感染症による貧困や学校閉鎖によって、子どもの結婚を急がせる傾向が助長され、児童婚の数が増えてしまう可能性があります。

低下する予防接種率
　アフリカでは小児の予防接種によって年間15万人もの子どもの死亡が予

防され、予防接種に１ドルかけると16ドルの経済的価値を生むと推測されています。しかし、新型コロナウイルス感染症によって、小児の予防接種率はリベリアで35％、ナイジェリアで13％もの低下が予測されています。それに加えて、小児の施設受診率も35％もの低下があります。アフリカでは、子どもの定期予防接種により回避できるワクチン対象疾患による死亡数と、新型コロナウイルス感染症に罹患し死亡する死亡数を比較した場合、前者が後者を上回るため、新型コロナウイルスによる感染リスクを冒してでも、定期予防接種を行う価値の方が高いという報告もあります。

おびやかされる女児の教育機会

　2020年３月時点で、世界中で７億人を超える女児が新型コロナウイルス感染症により学校に通えない状況にあります。アフリカにおいても、インターネットやテレビ、ラジオなどを利用した遠隔学習が行われましたが、途上国の女児は男児に比べて、携帯電話を持っていない割合が1.5倍近いと報告されており、女性の就学は厳しい状況であると推測されます。実際に、エボラ出血熱が流行した際、シエラレオネで行った研究では、40％の男児が家庭から授業に参加していましたが、女児は15％でした。

　またインターネットばかりでなく、ラジオがない家庭、電池が買えない家庭の子どもは教育を受けることができません。女児は、家事や兄弟姉妹の世話を任されていたり、家計を支えるために生活費を稼ぐ担い手となっており、学校閉鎖は女児により多くの負の影響があると懸念されています。

懸念される女児や女性への暴力の増加

　さらに、女児や女性に対する暴力、ジェンダーに基づく暴力、10代の妊娠に加えて、女性性器切除（FGM）の増加が特に懸念されています。FGM は多くの国で違法になっていますが、エジプトの報告では、父親から「新型コロナウイルス感染症のワクチンを受けに行く」と嘘をつかれ、実際には FGM に連れて行かれたという事例や、ソマリアの報告では、学校が休みになっていることを利用して FGM の後の痛みを治す期間に充て

ようと考える大人が増えている、ということなどが報告されています。

　また、必要な避妊具や家族計画のサービスへのアクセスも、新型コロナ
ウイルス感染症により継続的な使用が難しい状況にあり、社会経済的に弱
い立場にある女児や女性に対する支援の必要性が、この新型コロナウイル
ス感染症パンデミックでさらに高まっていると考えられます。

海外事情

新型コロナへの対応と課題
〜ベトナムの場合

● **チャン ホアンナム**（医学博士・徳島大学講師）

ベトナム、ハノイ生まれ。ヴァルナ医科大学（ブルガリア）卒業、徳島大学大学院博士課程修了。
1999年よりベトナム保健省等の母子保健分野で勤務し、国連やJICA等との医療健康開発プログラム
にも従事。2017年より徳島大学講師。

　ここでは、新型コロナウイルス感染症の流行初期に患者を有した国の一つであるベトナム社会主義共和国におけるパンデミックの状況とその対応を説明します。

　ベトナムでの新型コロナの最初の症例が報告されたのは、2020年1月23日のことでした。それから8か月あまり経った10月5日現在、陽性者は1096人で、うち回復者が1020人、死者は35人です（図2）。また、PCR検査実施数は100万件を超えました。

　ベトナムで最も影響を受けた地域の一つがダナン市で、9月の時点で新型コロナ陽性者が394人、うち死者が31人となっています。

図1　ベトナムの省別症例数
出典：ベトナム保健省

| 0 | 1 – 5 | 6 – 10 | 11 – 20 | 21 – 50 | > 50 |

　一方、インドネシアやフィリピンと比べると、ベトナムでは新型コロナ陽性者数と死者数が非常に少なくなっています。ベトナムは、2020年1月に中国で最初に新型コロナの症例が報告された直後から、「早期かつ積極的に」パンデミックに対応してきたためです。これは、2003年のSARS流行対策の成功体験を生かしたものです。

世界経済フォーラムは、「他の豊かなアジア諸国とは異なり、ベトナムは新型コロナに関する大規模な検査を実施することができない」と述べました。しかし、ベトナムは新型コロナに関する14日間の厳格な検疫を実施し、ウイルスにさらされた人々を第4レベルの接触まで追跡するなど、医学技術に頼る代わりに軍事力と広範な公的監視システムを採用して対応したのです。専門家は、ベトナムのパンデミック管理の透明性が、同じく社会主義国である中国よりもはるかに高いことを示し、ベトナム保健省によって提供された統計データに高い信頼性を認めています。

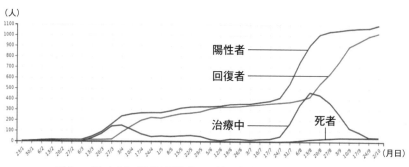

図2　ベトナムにおける陽性者、死者、治療中および回復した人数
出典：ベトナム保健省

1 第1波：中国から来た最初の新型コロナ陽性者

ベトナムで確認された最初の新型コロナ陽性者の2例は、武漢から来た66歳の中国人男性とその息子で、1月23日にホーチミン市のチョーライ病院に入院しました。ベトナムの医師はこの症例を医学雑誌「The New England Journal of Medicine」で報告しています。当時これは中国国外で、新型コロナの人から人への感染に関する最初の具体的な事例となりました。

ベトナム保健省は、まず新型コロナに関する相談のためのホットライン電話を設置し、症状が疑われる場合は最寄りの医療センターに連絡するよう市民に要請しました。また1月29日に、検疫、消毒、患者の輸送など、新型コロナの影響を受けた場所を支援するために40の移動式緊急対応チー

ムを設立しました。

　2月1日には、25歳の女性が新型コロナ陽性であると公表されます。彼女はホテルの受付係として働き、最初の2人の陽性者とも直接接触していました。この症例はベトナムで最初の国内感染であり、ベトナムのエピデミック宣言につながるものとなりました。政府は、国境線の引き締め、航空許可の取り消し、ビザの制限を決定しました。

　2月7日、ベトナム中央公衆衛生研究所は、新型コロナウイルスの培養と分離に成功したと発表します。ベトナムが新型コロナとのたたかいに成功した主な理由の一つは、新型コロナの感染者が初めて確認されてから2か月の間に、16例の新型コロナの症例に対応したことにあります。これにより、医療スタッフは乳幼児から高齢者まで様々な患者を治療する経験を得られ、この先、新型コロナとたたかうための「演習」ができたからです。

ヨーロッパから来た陽性者

　3月6日、首都ハノイで最初の新型コロナ陽性者が発見されました。26歳の女性で、新型コロナが爆発的に流行していたヨーロッパからベトナムに帰国後に、咳などの症状が現れ、病院を受診して新型コロナ陽性が確認されました。

　ベトナム保健省は、この女性との接触を持っていたと思われる約200人を追跡し、必要な人には隔離を行いました。3月と4月には、ヨーロッパ諸国から多くのベトナム人が帰国。その中には新型コロナウイルス陽性者も多く、ハノイのハロイ村やホーチミン市のブッダバーなどでクラスターが発生して陽性者数が急増しました。また、治療のため入院したバッハマイ病院でもクラスターが発生。ベトナムは3月22日の深夜から全ての外国人の入国を停止し、帰国するベトナム国民も全員14日間強制隔離する措置を取りました。

全国規模の社会隔離

　ベトナム政府は4月1日から全国規模の社会隔離措置を実施しました。

およそ3週間継続した後、23日にその緩和を発表。レストランを含むサービス業界の再開が許可され、全国の学校も再開されました。ただし、海外から入国するベトナム人の14日間の強制隔離は続行されました。

　ベトナムでの抜本的なエピデミック対策は好結果をもたらし、4月22日から7月24日までの99日間、国内で新規に感染した陽性者は確認されず、社会生活も通常に戻りつつありました。ベトナム政府は、国内旅行需要を増やし、国内観光を促進するために、5月11日から「ベトナム人にベトナムの旅行」と名付けた全国的な観光キャンペーンを開始しました。

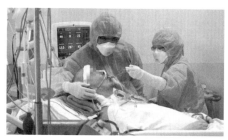

7月11日、ベトナムで最も重度な新型コロナ感染症状であった英国のパイロットが、治療を行っていたバクマイ病院から退院した。
（写真：バクマイ病院）

2 第2波：ダナンの封鎖

　7月25日、ベトナム保健省がダナン市の57歳の男性の感染を発表、その後ベトナムは新型コロナ感染の第2波を迎えることになりました。

　この男性患者は、7月22日に咳と疲労感のためダナンC病院を受診したところ肺炎と診断され、その後、新型コロナウイルスに感染していることが確認されました。ダナンC病院でこの患者と接触していた病院内の50人以上が直ちに隔離され、病院は翌日閉鎖。ベトナム全土から200人以上の医療従事者が、C病院の支援のためにダナン市にやって来ました。

　7月28日、ダナン市当局は社会隔離措置を開始し、100万人以上の住民に影響が出ました。ダナン保健局は、確認された患者に関連する人の追跡、疫学調査、居住者を対象とした大規模な検査を実施しました。

　第2波以降、観光地であるダナンに夏休みを利用して旅行に来ていたベトナム人が、旅行を終えて戻った先の15の省で、感染が拡大していきまし

た。各省では、7月にダナンから戻ってきた人々を対象として大規模な検査を行いました。第2波で発生した576人の新規感染者のうち、509人はダナンからの感染に関連していました。

7月31日、ベトナムは新型コロナによる最初の死亡者を発表しました。

新型コロナ陽性妊婦の出産

ベトナム保健省は、新型コロナ陽性の妊婦が安全に出産できるよう、3月に「妊娠中の女性と新生児の新型コロナによって引き起こされる急性呼吸器感染症の一時的な予防と治療のための指示」を全国の出産施設に指示しました。それを受けて、各省がそれぞれ妊娠、出産、新生児ケアの計画を準備し、経腟分娩及び帝王切開等の準備を整えていきました。

出産施設における新型コロナの院内感染予防対策には特別な注意が必要でしたが、これまでのところ新型コロナ陽性者の妊娠・出産はほんの数例で、そのすべてが問題なく安全に管理されています。ベトナム保健省によると、2020年10月現在、新型コロナによる母子感染は起きていません。

新型コロナ陽性となっても、無事に出産した妊婦もいます。ダナン市に住む35歳の妊婦は、海外渡航歴はなくベトナムで新型コロナ陽性が判明しましたが、8月15日、ホアバン野戦病院で帝王切開術を受け、母子ともに無事でした。

また9月10日にロシアから帰国し、新型コロナ陽性が判明した30歳の妊婦は、中央熱帯病病院において経腟分娩で男児を出産し、母子ともに問題はありませんでした。

新型コロナ陽性妊婦の帝王切開の様子
（写真：ホアバン野戦病院）

ワクチン開発

2月7日、ハノイの国立衛生疫学研究所は、新型コロナウイルスの分離

に成功したと発表しました。続いて5月には、国営の VABIOTECH 社がイギリスのブリストル大学からの協力を得て国内で新型コロナワクチンの開発を始めたことを、ベトナム保健省が明らかにしています。

　もっとも、人間に安全に作用するワクチンを開発するためには、少なくとも12〜18か月かかります。そこでベトナム政府は、8月、ロシアやイギリスから5000〜1万5000人分のワクチンを購入する計画を発表しました。

治療

　2003年の SARS 発生時の経験から、ベトナムは新型コロナ患者の治療に積極的に取り組んできました。

　ベトナム保健省によると、新型コロナ発症後の初期段階では、入院後、主に患者の症状に対して治療が行われます。さらに、理学療法、適切な栄養補給、精神的な安定、頻繁な消毒、換気の良い環境などの提供が必要とされます。患者は、ウイルス検査が2回連続して陰性であれば退院できますが、その後もさらに14日間自宅隔離を続け、マスク着用、手洗い、家族との接触制限、外出禁止、換気の良い個室、1日2回の体温測定、発熱やその他の異常な兆候の確認などを行わなければなりません。

　また、ダナンの第2波では、新治療法としてロピナビル、リトナビルなどの抗ウイルス薬、インターフェロンが使用され、重症患者を治療するために治癒した人の血漿も使用されています。

検査

　3月、ベトナム科学技術省は、ベトナム製の新型コロナ検査キットを開発したことを発表しました。キットによる検出時間は約2時間で、ベトナム保健省によると、2020年9月までに PCR 法で100万回超の検査が実施されています。

　10月現在、国内の新型コロナ検査機関は71か所で、1日あたり約3万4000件の検査が可能となっています。また、国立衛生疫学研究所によると、新型コロナ迅速抗原検査キットの開発も最終段階にあるとのことです。

　なお、感染の第2波では、ベトナムに侵入した新型コロナウイルスにおいて感染率を高める変異がみられました。4月の基本再生産数は1.8から2.2でしたが、第2波の基本再生産数は5から6であり、新型コロナ患者と間接的に接触した人の陽性結果の割合も高くなっています。保健省は、8月4日、第2波の新型コロナ株がD614Gであり、これは世界中で優勢な突然変異であると発表しました。

ベトナムは、医療技術力を向上させるために、ASEANやアメリカ、ヨーロッパ、ロシア等との国際協力を強化しようとしている。特に、日本はベトナムが新型コロナとたたかうために約5000億VNDを援助する予定。写真は、9月7日にベトナム政府と日本政府の間で行われた「保健・医療関連機材のための無償資金協力交換公文署名式」の様子。(写真：在ベトナム日本国大使館)

今後の課題

　ベトナムにおける新型コロナのパンデミックは9月で収束したように見えます。しかし、ベトナム保健省は、無症状感染、海外からの感染者入国の可能性、これから冬になり気温が下がることによる感染リスクの増大などを懸念しており、パンデミックはいつでも再発しうると発信しています。

　第2波が起きたダナン市は、新型コロナのパンデミックに対応するにあたり、人的・物的資源が不足して非常に苦労しました。もし山間部等の遠隔地で流行が起きた場合には、対応が困難になる可能性が高いでしょう。さらに、ベトナムは少数民族が多く、ベトナムの共通言語を理解できない人もおり、新型コロナの情報を得られずに対応が遅れる危険性もあります。

　また、帰国を希望する海外のベトナム人がまだ何万人も残っているとい

う問題もあります。3月以降、
1万9600人以上のベトナム人が
世界各地から本国送還便で帰国
していますが、そのうち赤道ギ
ニアから7月28日に帰国したベ
トナム人労働者の場合、219人
中129人が新型コロナ陽性でし
た。流行の再燃を回避しつつ在
外者を帰国させるのは難しい
課題です。

チャーター便で帰国したベトナム人
（写真：保健省）

母と子の新型コロナ
社会医学と現場の専門家がアドバイス

2021年2月20日　　初版第1刷発行

編　著　渡邊香・林謙治
発行者　二木啓孝
発　行　世界書院
　　　　〒101-0052 東京都千代田区神田小川町3-10-45
　　　　駿台中根ビル5階
　　　　電話0120-029-936

カバーイラスト・カット　彼方アツコ
装丁・DTP　精文堂印刷 デザイン室・内炭篤詞
印刷・製本　精文堂印刷